John Pimlott

Die Wehrmacht

Oben: Ein Wehrmachtfotograf und sein Kamerad, der mit einer Maschinenpistole des Typs Steyr-Solothurn S1-100 bewaffnet ist.

Folgende Seite: Deutsche Infanteristen beim Angriff auf eine belgische Stadt im Mai 1940. Bewaffnet sind sie mit einem schweren Maschinengewehr (MG) 34, das auf einem Dreibein ruht.

John Pimlott

Die Wehrmacht

Die Geschichte der deutschen Wehrmacht im Zweiten Weltkrieg

VERLEGT BEI
KAISER

Titel des englischen Originals: »Dr. John Pimlott - Wehrmacht«
Einzig berechtigte Übertragung aus dem Englischen von Norbert Jakober und Linda Pölzler

Deutsche Erstausgabe

Neuauflage: 2010
E-Mail: office@kaiserverlag.com
Homepage: www.kaiserverlag.com
Diese Übersetzung des Titels »Wehrmacht«, erstmals veröffentlicht 1997,
wurde aufgrund einer Vereinbarung mit Brown Packaging Books Ltd. herausgebracht.
Einbandgestaltung: Volkmar Reiter
Satz: Context OEG, St. Veit/Glan
Druck und Bindearbeit: Gorenjski Tisk, Kranj – Slowenien

Inhalt

K A P I T E L 1

DIE WURZELN DES BLITZKRIEGES

Durch den Friedensvertrag von Versailles schien die deutsche Armee bis zur Bedeutungslosigkeit reduziert. Doch binnen 20 Jahren war sie wieder aufgebaut, sodass sie unter den Nationalsozialisten zu einem noch nie dagewesenen Krieg gerüstet war.

Links: Adolf Hitler (1889 bis 1945), Deutschlands Reichskanzler von 1933 bis zu seinem Selbstmord in den Trümmern Berlins im April 1945.

Oben: Angehörige der *Sturmabteilung* (SA), der »Privatarmee« der NSDAP, bei einer Parteikundgebung in den frühen Dreißigerjahren.

Nach vier Jahren erbitterten Krieges, der in ungeahntem Ausmaß Volksvermögen und Menschenleben verschlang, verstummten schließlich am 11. November 1918 um 11 Uhr die Kanonen an der Westfront. Obwohl Adolf Hitler später behaupten sollte, dass der Waffenstillstand den Deutschen von korrupten Politikern aufgezwungen worden wäre und dass die deutsche Armee auf dem Schlachtfeld unbesiegt geblieben wäre, sah die Wirklichkeit doch ein wenig anders aus. Nach dem Scheitern von General Ludendorffs Frühlingsoffensive hatten die alliierten Streitkräfte immer mehr die Initiative übernommen und die deutschen Truppen fast bis zu deren Grenzen zurückgedrängt. Aber es drohte nicht nur eine vernichtende militärische Niederlage - auch in Deutschland selbst war die Lage durch die wachsende Nahrungsmittelknappheit sowie durch den Aufschwung des Kommunismus zunehmend gespannt, sodass den Deutschen kaum eine andere Möglichkeit blieb, als ein rasches Ende der

Oben: Deutsche Infanterie während der Ausbildung in den späten Dreißigerjahren – mit leichter Ausrüstung und mit Mauser-98-Gewehren bewaffnet. Diese Nachfolger der Stoßtruppen von 1918 waren in der Lage, sich in feindliche Stellungen »einsickern« zu lassen, ehe der eigentliche Angriff erfolgte.

Kämpfe anzustreben. Die deutsche Armee mag wohl noch in der Lage gewesen sein, nach Hause zurückzukehren, doch sie war bestimmt nicht mehr imstande, das Land gegen Feinde von außen zu verteidigen.

Doch sie stellte immer noch eine beachtliche Streitmacht dar - diese kaiserliche deutsche Armee, die fest im preußischen Militarismus des späten 18. Jahrhunderts verwurzelt war und die sich seit ihrer Gründung durch den Kaiser im Jahr 1871 auf dem Schlachtfeld stets bewährt hatte. Mehr als drei Millionen bewaffnete Soldaten standen noch zur Verfügung, und auch der hervorragend organisierte Große Generalstab war noch intakt. Doch die siegreichen Alliierten waren darauf bedacht, die Armee deutlich zu verringern und ihr Wiedererstarken langfristig zu verhindern.

Als die Vertreter Deutschlands am 28. Juni 1919 den Vertrag von Versailles unterzeichnen mussten, nahmen sie damit äußerst harte Bedingungen für ihr Land in Kauf. Deutschland musste die Schuld am Krieg auf sich nehmen und sich zur Zahlung von extrem hohen Reparationen bereit erklären. Durch diese wirtschaftliche Schwächung des Landes sollte verhindert werden, dass Deutschland erneut zu einem Krieg würde rüsten können. Noch wichtiger aber war die Schwächung des Heeres selbst. Die Marine wurde zu einer besseren Küstenwachtruppe dezimiert, während die Armee auf 100.000 Mann verringert wurde, die bestenfalls Verteidigungszwecke erfüllen konnte. Auch bei den

Rechts: Ein Oberkanonier, erkennbar an dem Stern auf dem linken Ärmel, richtet sein Geschütz während einer Übung, in der der Ernstfall (Bedrohung durch Gas) simuliert wird. Alle deutschen Soldaten trugen in einem speziellen Behälter stets ihre Gasmaske bei sich.

Waffen gab es strenge Auflagen: Großkampfschiffe waren ebenso verboten wie Panzer, schwere Artillerie oder Luftstreitkräfte. Der Große Generalstab, den die Alliierten als einen wesentlichen Bestandteil des deutschen Militarismus ansahen, wurde ebenso aufgelöst wie viele der Kadettenschulen und Militärakademien. All diese Maßnahmen zielten auf eine nachhaltige Schwächung Deutschlands ab.

Bis zu einem gewissen Grad hatte sich die Armee jedoch Anfang 1919 bereits selbst aufgelöst. Die gesellschaftlichen Veränderungen, die damals in Deutschland im Gange waren, weckten bei vielen Soldaten den Wunsch, die Armee zu verlassen. Andere wieder beschlossen, sich gegen die Heeresführung aufzulehnen und sich in Soldatenräten zusammenzuschließen, um auf diese Weise gegen die Privilegien der Offizierskaste anzukämpfen. Als der Kaiser im November 1918, kurz vor dem Waffenstillstand, abdankte, löste dies auch unter den Offizieren große Unsicherheit aus, und so hatte es eine Zeitlang den Anschein, als würde Deutschland direkt auf eine Revolution nach russischem Vorbild zusteuern.

Die Freikorps

Die neu gegründete Republik Deutschland musste sich vor allem gegen Feinde von innen schützen - und so bildeten sich rechtsgerichtete Einheiten aus Freiwilligen (in der Regel ehemalige Offiziere und Soldaten), die sogenannten Freikorps, deren Ziel es war, eine weitere Ausbreitung der Revolution zu

Unten: Deutsche Pak-Schützen bringen eine Panzerabwehrkanone 37 in Stellung. Die Pak 37, hier in einer frühen Ausführung mit Holzrädern, war eigentlich ein tschechisches Gerät. Da aber große Mengen davon im Jahr 1939 erbeutet wurden, gingen sie in die Standardausrüstung deutscher Einheiten über.

verhindern. Zu Beginn waren diese Freikorps oft nicht viel mehr als ein disziplinloser Haufen, doch da sie zu jener Zeit die einzige wirkliche Streitkraft darstellten, wurden verlässliche Offiziere mit der Aufgabe betraut, diese Einheiten anzuführen. Als schließlich 1921 die neue *Reichswehr* aufgestellt wurde, waren die Freikorps längst zu einem militärischen Machtfaktor geworden. Die Weimarer Republik musste also aus den »Überresten« der kaiserlichen Armee Truppen zur Verteidigung aufstellen, die im Einklang mit dem Vertrag von Versailles standen.

Die Bildung des Reichsheeres

Das deutsche Reichsheer wurde aber durchaus auf alten Traditionen aufgebaut. General Hans von Seeckt, der von den politischen Lenkern der Weimarer Republik mit der Leitung des Heeres betraut wurde, baute innerhalb der vorgegebenen Richtlinien eine schlagkräftige Armee auf. Nachdem die Alliierten auf der Auflösung des Großen Generalstabs bestanden hatten, setzte von Seeckt nun eine Organisation an seine Stelle, die unter der Bezeichnung *Truppenamt* faktisch dieselben Aufgaben erfüllte.

Gleichzeitig wurden die 4000 Offiziere, die der Versailler Vertrag erlaubte, sorgfältig ausgewählt, wodurch das Offizierskorps um einiges leistungsfähiger wurde. Ebensò wurden aus erfahrenen Freiwilligen die beiden Armeekorps - eines in Berlin, das zweite in Kassel - zusammengestellt. Von Seeckt führte so

Oben: Ein Soldat kämpft sich durch einen Stacheldrahtverhau, wobei die Drahtschere, die er verwendet, aus dem Ersten Weltkrieg stammen dürfte. Wenngleich Stacheldraht infolge der zunehmenden Mechanisierung nicht mehr so oft eingesetzt wurde, fand er doch als wirkungsvolles Hindernis für die Infanterie immer noch Verwendung.

Unten: Infanterie bei einer Übung, Mitte der Dreißigerjahre. Bewaffnet sind sie mit Stielhandgranaten und 7,92-mm-Mausergewehren, die zur Standardausrüstung im Ersten Weltkrieg gehörten. Einige der Soldaten tragen Helme und Stiefel, die ebenfalls nicht mehr dem neuesten Stand entsprachen. Das lässt vermuten, dass die Aufnahme etwa um 1935 entstanden ist.

Oben: Soldaten der Polizeidivision bei der Ausbildung am 8-cm-Granatwerfer 34. Die Soldaten tragen das Zeichen der Polizei auf den Stahlhelmen (einer das der SS) und die Kragenspiegel der Polizei, während alle sonstigen Uniformteile und Abzeichen die der Waffen-SS sind. Es wurden beide Helmabzeichen getragen.

manche Tradition aus der Kaiserzeit weiter, um den Stolz und das Selbstbewusstsein der Soldaten zu stärken. Und so entstand, ohne dass die Alliierten es bemerkten, mit dem *Reichsheer* eine kleine, aber leistungsfähige Armee, die alle Möglichkeiten künftiger Ausweitung in sich trug. Von Seeckt stellte jedoch immer wieder klar, dass das Reichsheer nicht beabsichtige, sich in die Politik einzumischen; andererseits hinderte er seine besonders tatkräftigen Offiziere nicht an der Abhaltung von Übungen zur Steigerung der Schlagkraft des Heeres.

Die Weimarer Republik bemühte sich, in einer feindlich gesinnten Welt Verbündete zu finden, und so wurde 1922 der Vertrag von Rapallo mit der Sowjetunion unterzeichnet, dessen vorgeblicher Zweck der Schutz vor der Bedrohung durch Polen war. Was die Alliierten jedoch nicht wussten, war, dass mit diesem Vertrag das Reichsheer die Möglichkeit bekam, ausgewählte Offiziere und Soldaten im Umgang mit Panzern und Flugzeugen auszubilden, die von den Russen an geheimen Orten (Kazan und Lipetsk) bereitgestellt wurden. Als Gegenleistung stellten die Deutschen technisches und taktisches Wissen zur Verfügung.

Von Seeckt war sich auch der Bedeutung der Mechanisierung des Heeres bewusst, und wenngleich sich die Wehrmacht noch 1945 großteils mit Pferdewagen vorwärts bewegte, so konnten doch Offiziere wie der Funkspezialist Heinz Guderian durch ihre Bemühungen die Entwicklung der berüchtigten Panzerdivisionen vorantreiben. In den Zwanziger- und Dreißigerjahren konnten Panzerübungen in Kazan durchgeführt werden, während man in Deutschland selbst darauf angewiesen war, solche Übungen mit

landwirtschaftlichen Traktoren und herkömmlichen Autos abzuhalten, was für den Betrachter zwar ein wenig lächerlich ausgesehen haben mag, den Soldaten aber die Möglichkeit gab, sich auf die Kriegführung vorzubereiten.

Als Adolf Hitler im Jahr 1933 an die Macht kam, konnte er eine Armee übernehmen, die trotz ihrer geringen Größe durchaus wohlvorbereitet war, wobei man manch wertvolle Erkenntnis aus den Ausführungen britischer, französischer und russischer Offiziere entnommen hatte, die Analysen des vergangenen Krieges angestellt hatten. Hitler selbst, der im Ersten Weltkrieg als Frontsoldat gedient hatte und sogar mit dem Eisernen Kreuz Erster Klasse für besondere Tapferkeit ausgezeichnet worden war, ließ bald seine wahren Absichten erkennen: er kümmerte sich nicht um die Bestimmungen des Versailler Vertrages und begann, die Armee systematisch zu vergrößern. So ordnete er etwa im Dezember 1933 eine Erweiterung der Streitkräfte um das Dreifache an, um bis 1938 nicht weniger als 21 Divisionen zur Verfügung zu haben. Im März 1935 ging er noch einen Schritt weiter und führte die Wehrpflicht wieder ein, wodurch er sein neues Ziel, nämlich 36 Divisionen, zu erreichen trachtete. Außerdem war geplant, eine starke Luftwaffe aufzubauen. Diesem Wiederaufleben des deutschen Militarismus konnten oder wollten Großbritannien und Frankreich, die selbst von wirtschaftlichen und politischen Krisen geschüttelt waren, nichts entgegensetzen.

Oben: Die Besatzung eines schweren Panzerspähwagens (SdKfz) 231 macht sich zu einem Aufklärungseinsatz in bewaldetem Gelände bereit. Der mit einer 2-cm-Kanone sowie einem Maschinengewehr ausgerüstete schwere Panzerspähwagen wurde im Jahr 1938 eingeführt; seine Aufgabe bestand darin, das Terrain für die Panzertruppen zu sondieren.

Doch zu jener Zeit hielt sich die deutsche Armee immer noch vom politischen Geschehen fern. Da aber Hitlers Politik ganz klar

Links: Panzerkampfwagen (PzKpfw) III im Gefechtszustand. Der mit einer 3,7-cm- oder (wie auf unserem Bild) mit einer 5-cm-Kanone sowie zwei 7,92-mm-Maschinengewehren bestückte PzKpfw III war der erste deutsche Panzer, der in Massenproduktion hergestellt wurde. Sein erster Einsatz erfolgte beim Einmarsch in Polen im September 1939.

auf territoriale Ausdehnung abzielte, war es für ihn von größter Wichtigkeit, dass die Armee seine politischen Schachzüge bedingungslos und ohne zu zögern ausführen würde. Dies sicherzustellen war die Aufgabe von Reichswehrminister und Oberbefehlshaber der Wehrmacht Generalfeldmarschall Werner von Blomberg. Entgegen einer der Bestimmungen des Versailler Vertrages, derzufolge der Reichswehrminister niemals ein aktiver Offizier sein durfte, blieb von Blomberg von 1933 bis 1938 im Amt. Er war es, der den Politisierungsprozess innerhalb der *Wehrmacht,* wie die Reichswehr ab 1935 genannt wurde, einleitete. Diese Verpolitisierung war einerseits eine Reaktion auf die Tatsache, dass die Nationalsozialisten mit der *Sturmabteilung* (SA) sozusagen eine Privatarmee besaßen, andererseits aber auch auf die Forderung des Reichsministers für Luftfahrt, Hermann Göring, nach unabhängiger Befehlsgewalt.

Der Führer und seine Wehrmacht

Von Blomberg ordnete an, dass auf allen Uniformen (Heer, Luftwaffe, Marine) das Hoheitsabzeichen an der rechten Brustseite zu tragen sei. Darüber hinaus wurde im August 1934 ein neuer Treueeid eingeführt, der dem Heer eine völlig neue Stellung im deutschen Staat zuwies. Statt des Eides auf die Verfassung hatten Offiziere und Soldaten nun dem »Führer des Deutschen Reiches« Adolf Hitler unbedingten Gehorsam zu schwören. Wie die Ereignisse im Juli 1944 zeigen sollten, als ein Attentatsversuch auf den Führer unternommen wurde, betrachteten viele Offiziere diesen Eid als heilig und weigerten sich deshalb trotz ihrer Vorbehalte, sich gegen ihren Führer zu stellen. Dies verlieh Hitler einen ungeahnten Einfluss auf die Wehrmacht, der sich im Jahr 1938 weiter verstärkte, als von Blomberg entlassen wurde und Hitler sich selbst zum Oberbefehlshaber machte.

Ebenfalls im Jahr 1938 wurde aus dem *Truppenamt* das *Oberkommando der Wehrmacht* (OKW) unter dem General der Artillerie Wilhelm Keitel gebildet. Der Generalstab des Heeres wurde zum *Oberkommando des Heeres* (OKH) unter einem neuen Oberbefehlshaber, dem General der Artillerie Walter von Brauchitsch, umgeformt. Zwischen OKW und OKH herrschte nie ein allzu gutes Einvernehmen - ein Umstand, den Hitler geschickt zum Ausbau der eigenen Macht zu nutzen verstand.

Die Wehrmacht war inzwischen zu beträchtlicher Größe angewachsen. Der Großteil der neu einberufenen Soldaten gehörte der Infanterie an, deren grundlegende Organisation sich seit dem Ersten Weltkrieg nicht wesentlich geändert hatte. Jede Infanteriedivision bestand nach wie vor aus drei Infanterieregimentern, einem Artillerieregiment, einem Pionierbataillon und anderen divisionseigenen Truppen. Es gab zwar eine teilweise Motorisierung - dennoch zogen die Soldaten immer noch zu Fuß in die

Rechts: Deutsche Kanoniere feuern eine schwere Kanone 18 ab (1939). Die zwischen 1926 und 1929 von Krupp und Rheinmetall entwickelte 10-cm-K 18 gehörte ab 1933 zur Ausrüstung deutscher Artillerieeinheiten. Sie wurde bis 1943 hergestellt und bewährte sich vor allem in den frühen Blitzfeldzügen. Die K 18 war eine Waffe von außerordentlicher Durchschlagskraft.

Links: Panzerabwehrschützen bringen eine 3,7-cm-Pak 37 in Stellung. Panzerabwehrwaffen waren im Sinne einer mechanisierten Kriegführung für die Infanterie von großer Bedeutung. Da jedoch im Laufe der Zeit immer neue und stärkere Panzer produziert wurden, musste auch die Schlagkraft der Abwehrkanonen gesteigert werden. So gab es bereits im Jahr 1942 weitaus effektivere Panzerabwehrwaffen als die Pak 37.

Unten: Infanteristen feuern ein 7,92-mm-Maschinengewehr (MG 34) ab. Das in den frühen Dreißigerjahren entwickelte MG 34 ging 1934 in Produktion und war das Standardmaschinengewehr der Deutschen während der ersten Kriegsjahre. Mit seiner Feuergeschwindigkeit von 900 Schuß / min war es eine äußerst effektive Waffe.

Schlacht. Der Transport der Artillerie wurde ebenso wie die Nachschublieferungen großteils mit Hilfe von Pferdewagen bewerkstelligt. Sehr weit fortgeschritten war jedoch die Mechanisierung bei den von Guderian geschaffenen Panzerdivisionen. Er erkannte ebenso wie einige britische Theoretiker, deren Bücher er studiert hatte, die Bedeutung der Panzertruppen und der sie unterstützenden Waffengattungen.

Der Blitzkrieg in der Theorie

Offiziere wie Guderian erkannten rasch, dass der große Vorteil des Panzers vor allem in seiner Mobilität lag, wobei er seine Stärke nur dann ausspielen konnte, wenn er in einen Verband mit verschiedenen Waffengattungen eingebunden war, zu dem eine motorisierte Infanterie ebenso gehörte wie mobile Artillerie und Pioniere und nicht zuletzt auch eine starke Luftwaffe. Nur so würden die Panzer als Stoßkeil agieren können, der die Schwachstellen der feindlichen Linien finden und ausnützen konnte. Auf diese Weise sollte der Zusammenhalt der feindlichen Truppen entscheidend geschwächt werden können. Wenn die Panzer es schafften, jene Punkte zu umgehen, wo die feindlichen Streitkräfte besonders konzentriert waren, und die Linien zu durchbrechen, um zu den Kommandozentralen vorzudringen, dann war es möglich, das »Gehirn« der feindlichen Truppen von deren »militärischem Arm« abzuschneiden und diesen dadurch wirkungslos zu machen. Auf diese Weise würde es sich vermeiden lassen, sich in Schlachten aufzureiben, wie sie im Ersten Weltkrieg zu so schweren Verlusten geführt hatten. Dies war die strategische Idee, die Hitler zu verwirklichen trachtete und die später unter der Bezeichnung *Blitzkrieg* berühmt-berüchtigt werden sollte.

Es gelang Hitler immer wieder, die nötigen finanziellen Mittel für seine Militärübungen zu bekommen, sodass schließlich im Jahr 1935 die ersten drei Panzerdivisionen bereitstanden. Diese Verbände enthielten neben den Panzerregimenten selbst noch motorisierte Infanterie, Artillerie für konzentrierte Feuerkraft sowie Pionierbataillone zur Beseitigung von Hindernissen. Außerdem konnte Göring davon überzeugt werden, einen großen Teil der Luftwaffe zur Unterstützung der Bodenstreitkräfte einzusetzen, wobei vor allem die Junkers (Ju) 87 hervorzuheben sind, jene Sturzkampfbomber (Stuka), die zur Demoralisierung

Oben: Infanterietrupp - mit 7,92-mm-Mausergewehren sowie einem Maschinengewehr (MG 34) bewaffnet - bei der Überquerung eines Baches. Der Soldat ganz rechts, der die kleine Gruppe anführt, ist mit einer Stielhandgranate 39 bewaffnet. Die Männer scheinen sich nicht um feindliche Stellungen am anderen Ufer zu kümmern (Übung).

der feindlichen Truppen vor dem eigentlichen Panzerangriff eingesetzt werden sollten.

Diese Kombination - so wirkungsvoll sie anfangs auch sein mochte - besaß doch zwei Schwächen, die sich im späteren Verlauf des Krieges als entscheidend erweisen sollten. Zum einen machten die Panzerdivisionen trotz Hitlers Unterstützung nur einen kleinen Teil der Wehrmacht aus - so waren aus den ursprünglichen drei Divisionen bis zum Jahr 1939 erst sieben geworden -, sodass der Großteil der Armee sich nach wie vor auf die Infanterie stützte, die naturgemäß bald hinter den motorisierten Angriffsspitzen hinterherhinkte. Der zweite schwerwiegende Nachteil lag im Bereich der Panzer selbst, deren Weiterentwicklung viel Zeit in Anspruch nahm, sodass die frühen Panzer vom Typ I und II noch zu klein und zu leicht bewaffnet waren, um große Wirkung zu erzielen. So war Typ I lediglich mit Maschinengewehren ausgerüstet, während Typ II mit einer leichten Kanone bestückt war. Das änderte sich zwar, als Hitler für

Oben: Deutsche Truppen, die im Spanischen Bürgerkrieg die Nationalisten unter Franco unterstützten, in einem katalonischen Dorf im Jahr 1938. Bei den hier zu sehenden Motorrädern handelt es sich um BMW-R11-Beiwagenmaschinen, die vor allem für Aufklärungseinsätze vorgesehen waren. Im Hintergrund Panzer des Typs I.

den Krieg zu rüsten begann, doch die Lücke, die zwischen den militärischen Möglichkeiten der Infanterie und jenen der Panzer klaffte, sollte der Wehrmacht schließlich zum Verhängnis werden und ihr im Jahr 1945 die endgültige Niederlage bereiten.

Von der Theorie zur Praxis

Doch von alldem war in den späten Dreißigerjahren noch nichts zu spüren, als Hitler von der Stärke seiner Armee Gebrauch zu machen begann und sich über die Bestimmungen des Versailler Vertrages hinwegsetzte, um die Grenzen des Dritten Reiches auszudehnen. Schon 1936 schickte er Truppen in das entmilitarisierte Rheinland, was aber keinerlei Reaktionen von Seiten der Briten und Franzosen nach sich zog. Zwei Jahre später vollzog er den *Anschluss* mit Österreich und schaffte es außerdem, das Sudetenland in das Deutsche Reich einzuverleiben, was er sich auf der Münchner Konferenz von Briten und Franzosen absegnen ließ. Im März 1939 riss er den Rest der Tschechoslowakei an sich, wobei jeweils seine Panzerdivisionen als Stoßkeil fungierten, dessen Vordringen von der Luftwaffe gedeckt wurde.

Diese äußerst wirkungsvolle Form der Kriegführung war schon im Verlauf des Spanischen Bürgerkrieges (1936 bis 1939) zu zweifelhafter Berühmtheit gelangt, als Panzer und Luftwaffe in enger Zusammenarbeit agiert hatten, wobei letztere sich vor allem durch die Bombardierung von Guernica im Jahr 1937 hervorgetan hatte. Schon damals wurden Befürchtungen laut, die Deutschen könnten im Falle eines Krieges mit England und Frankreich auch zivile Ziele nicht verschonen. Währenddessen wurde die Wehrmacht ganz unverhohlen bei allen Arten von Kundgebungen und Machtdemonstrationen der NSDAP eingesetzt, was bei internationalen Beobachtern anscheinend noch keinerlei Misstrauen hervorrief. Rückblickend lässt sich sagen, dass dieses Bild der militärischen Stärke, das Deutschland damals bot, wohl nicht ganz den tatsächlichen Verhältnissen entsprach, doch immerhin wurde in jenem Spätsommer 1939, als deutsche

Forderungen an Polen zum Krieg in Europa führten, die Schlagkraft der deutschen Armee von niemandem in Zweifel gezogen. Wie die Ereignisse der nächsten beiden Jahre zeigen sollten, war dieser Eindruck auch durchaus gerechtfertigt.

Rechts: Adolf Hitler, hier in einem gepanzerten Mercedes-Wagen in den Straßen Wiens unterwegs, zeigt sich nach dem Anschluss Österreichs im Jahr 1938 der begeisterten Menge. Die auf »politischem Wege« bewerkstelligte Vereinigung zwischen seinem Geburtsland Österreich und Deutschland schuf einen neuen Großstaat in Mitteleuropa, der in den Nachbarländern (zu Recht) große Besorgnis hervorrief.

Unten: Eine deutsche Transportkolonne bringt im März 1938, unmittelbar nach dem Anschluss, Artilleriemunition nach Österreich. Wie in diesem Fall in Kufstein werden die deutschen Truppen oft mit Nazi-Fahnen begrüßt. Solche Kolonnen von Pferdewagen gehörten bis ins Jahr 1945 zu den etwas veralteten Transportmitteln der Wehrmacht.

KAPITEL 2

BLITZFELDZÜGE

Die deutsche Armee brauchte knapp vier Wochen, um die polnische Verteidigung im September 1939 zu zerschlagen. Bis zum Juni 1940 waren im Zuge von Blitzfeldzügen auch Norwegen, die Beneluxstaaten und Frankreich besetzt.

Links: Ein Leutnant der Infanterie lässt seine Männer anhalten. Diese Aufnahme entstand während des Einmarsches in eine kleine polnische Stadt im September 1939.

Oben: 1. September 1939: Deutsche Einheiten marschieren in Westpolen ein. Die Nachschubfahrzeuge folgen in einer endlosen Kolonne nach.

Hitlers Einmarsch in Polen begann im Morgengrauen des 1. September 1939, als deutsche Flugzeuge eine Serie von Präventivschlägen gegen polnische Flugplätze durchführten, um sich von vornherein die Kontrolle über den Luftraum zu sichern. Als die Bomber und Kampfbomber zu ihren Stützpunkten zurückkehrten, überschritten die Bodentruppen die Grenze - insgesamt mehr als 1,5 Millionen Mann, 2500 Panzer und an die 10.000 Geschütze. Sie teilten sich in zwei getrennt agierende Verbände - die Heeresgruppe Nord unter General Fedor von Bock in Pommern und Ostpreußen, deren Aufgabe es war, sich der Stadt Danzig sowie des sogenannten »polnischen Korridors« zwischen dem Deutschen Reich und der deutschen Provinz Ostpreußen zu bemächtigen und von Norden nach Warschau vorzudringen, sowie die Heeresgruppe Süd unter General von Rundstedt in Schlesien und der Slowakei, die jene polnischen Einheiten zerstören sollten, welche Warschau im Westen und

Oben: Deutsche Soldaten entfernen am 1. September 1939 einen Schlagbaum zwischen Deutschland und Polen, wobei sie von Grenzposten unterstützt werden (gestelltes Bild). Bilder wie dieses ließen Polens Verbündete mit aller Klarheit erkennen, dass die Deutschen diesmal Ernst machten. Nur zwei Tage später erklärten Großbritannien und Frankreich Hitlers Deutschland den Krieg.

Rechts: Ein Leutnant bereitet sich darauf vor, seinen Männern letzte Anweisungen für den Sturm auf die polnischen Verteidigungsstellungen vor Warschau zu geben (September 1939). Die Strapazen des Feldzuges beginnen sich bereits bemerkbar zu machen - nicht nur in den Gesichtern der Männer, sondern auch an ihren Uniformen.

Oben: Ein Verband von leichten Panzern des Typs I (Ausführung A) der 1. Panzerdivision dringt Anfang September 1939 durch Westpolen vor. Die weißen Kreuze an den Panzern sind Erkennungszeichen, die ausschließlich während des Polenfeldzuges verwendet wurden. Da sie eine gute Zielscheibe für Panzerabwehrkräfte darstellten, wurden sie sehr bald durch weiß eingefasste schwarze Kreuze ersetzt.

Unten: Während ihres Rückzuges vor dem blitzartigen Ansturm der Deutschen versuchten die Polen, die Straßen zu blockieren. Der hier abgebildete schwere Panzerspähwagen (SdKfz) 231 mit Motorradeskorte wartet, dass die Straße - wie es scheint, von Zivilisten - freigemacht wird. Solche Hindernisse waren kaum geeignet, den deutschen Vormarsch zu behindern - die Panzer überrollten alles, was sich ihnen in den Weg stellte.

Süden schützten. Die polnischen Truppen - insgesamt eine Million Mann, die über 475 Panzer und 2800 Geschütze verfügten - waren ungünstig postiert und darüber hinaus äußerst unbeweglich. Dazu kam noch die ständige Bedrohung aus dem Osten durch die mit Hitler verbündete Sowjetunion.

Oben: Für ihre »Blitzfeldzüge« waren die Deutschen nicht zuletzt auf die Arbeit der Pioniere angewiesen - vor allem, wenn es darum ging, einen Fluss zu überqueren. Auf dieser Abbildung aus dem September 1939 wird eine Brücke über die Weichsel (nahe Bydgoszcz) geschlagen. Solche schwierigen Arbeiten mussten noch in äußerst kurzer Zeit bewerkstelligt werden.

Der Polenfeldzug

Der Kampf um Polen war in kurzer Zeit entschieden. Am 5. September war der polnische Korridor durchbrochen, sodass zum ersten Mal seit 1920 Pommern und Ostpreußen miteinander verbunden waren; am selben Tag wurde auch Posen eingenommen, womit der Weg nach Brest-Litowsk geebnet war. Weiter südlich stieß von Rundstedt auf einigen Widerstand am Fluß Bzura, doch bis Mitte September hatte er es geschafft, die beiden Hauptverbände der Polen an der Bzura sowie bei Krakau einzukreisen. Was von den polnischen Streitkräften übrig blieb, brach zusammen, als die Sowjets schließlich zum Angriff im Osten ansetzten. Am 27. September war Warschau erobert, wobei die Stadt zum Ziel schwerer Bombenangriffe der Luftwaffe wurde. Das Land wurde daraufhin entlang des Flusses Bug zwischen Deutschland und der Sowjetunion aufgeteilt. In nur vier Wochen war Polen überrollt worden, und seine Verbündeten, Großbritannien und Frankreich, die dem Deutschen Reich am 3. September den Krieg erklärt hatten, erhielten einen ersten Eindruck von der militärischen Stärke der Wehrmacht.

Der Sieg in Polen entsprach genau Hitlers Vorstellungen einer wirkungsvollen Kriegführung. Der Preis dafür war zwar hoch - immerhin verlor man 15.000 Soldaten und 500 Flugzeuge -, doch diese Opfer war man bereit hinzunehmen, solange die Kämpfe so kurz und vor allem erfolgreich waren. Außerdem bewies der Polenfeldzug, dass die Panzerdivisionen mit Unterstützung durch die Luftwaffe durchaus in der Lage waren, die feindlichen Linien zu durchstoßen und so den Zusammenbruch der Verteidigung herbeizuführen. Wenngleich der Polenfeldzug noch kein Blitzkrieg im eigentlichen Sinne war - die Panzer gingen nicht konzentriert vor, sondern teilten sich auf verschiedene Punkte auf, um das Vordringen der Infanterie zu unterstützen -, so wurden die Polen doch von dem Tempo und der Beweglichkeit überrumpelt, mit der die Angriffe vorgetragen wurden. Es war daher nur logisch, dass Hitler gegen Ende 1939 die Bildung weiterer Panzerdivisionen anordnete, ehe er zu seinem nächsten strategischen Schritt ansetzte - der Angriff im Westen.

Zu Beginn dieser neuen Angriffswelle spielten die Panzer allerdings kaum eine Rolle. Unter dem Decknamen *Unternehmen Weserübung* begann am 9. April 1940 der Angriff auf Dänemark und Norwegen. Bei diesem Feldzug wirkten alle Teile

Oben: Deutsche Soldaten holen sich eine warme Mahlzeit aus der Feldküche, der sogenannten »Gulaschkanone«. Dieses Bild wurde höchstwahrscheinlich Ende September 1939 in Polen aufgenommen, als wegen der schlechten Wetterverhältnisse Mantel und Umhang nötig wurden.

Links: Infanteristen unter dem Kommando des Unteroffiziers (links) bei einer Zigarettenpause während der ersten Tage des Polenfeldzuges im September 1939. Die Soldaten tragen Stielhandgranaten im Gürtel, um sofort gefechtsbereit zu sein.

Links: 26. September 1939: Ein polnischer Stabsoffizier (links) verhandelt mit einem deutschen Offizier über die Bedingungen der Übergabe Warschaus. Auch ein Vertreter in Zivil ist anwesend, was darauf schließen lässt, dass die Kapitulation das Ende der Kämpfe in Polen bedeutet hat. Nach weniger als einem Monat ist der erste der deutschen Blitzfeldzüge beendet.

Oben: Hitler fährt am 5. Oktober 1939 im Triumphzug in Warschau ein. Eskortiert von einem - extra für diesen Anlass frisch lackierten - Aufklärungsfahrzeug des Typs SdKfz 222 lässt sich der Führer von seinen eigenen Soldaten feiern; die einheimische Bevölkerung ist nicht vertreten. Der Kommandant der Eskorte trägt eine schwarze »Schutzmütze«, die ab 1940 nicht mehr in Verwendung war.

Links: September 1939: Dieser Unteroffizier wartet auf den richtigen Augenblick, um seine Männer, die am Stadtrand von Warschau postiert sind, vorwärts stürmen zu lassen. Im Hintergrund sind die Türme der Rundfunkstation Raszyn zu erkennen. Ebenfalls zu sehen ist das Bajonett, das zu dem 7,92-mm-Standardgewehr 98K gehört.

der Wehrmacht (Kriegsmarine, Luftwaffe und Heer) mit, um sich durch die Eroberung einzelner Häfen einen breiten Zugang zum Nordatlantik zu sichern, wo man mit U-Booten und Kriegsschiffen bereits wichtige Handelsrouten der Alliierten angriff. Man bot gewaltige Streitkräfte auf, u. a. einen großen Teil der schweren Überwasserstreitkräfte der Kriegsmarine, 28 U-Boote, über 500 Flugzeuge sowie acht Heeresdivisionen. Darüber hinaus kamen zum ersten Mal auch Luftlande- bzw. Fallschirmtruppen zum Einsatz, um auf diese Weise Zugriff zu Flugplätzen und anderen strategisch wichtigen Punkten zu erhalten.

Anfangs verlief alles wie geplant. Dänemark kapitulierte am 9. April, vor allem, um die von den Deutschen angedrohten Bombenangriffe auf Kopenhagen zu vermeiden. Deutsche Truppen erreichten in kurzer Zeit eine ganze Reihe der von ihnen angestrebten Ziele, darunter Narvik, Trondheim, Bergen, Stavanger und Kristiansand, ohne auf großen Widerstand zu stoßen. Aber die besetzten Gebiete waren voneinander isoliert, und als Engländer und Franzosen Streitkräfte nach Norwegen schickten, schienen erbitterte Gefechte unausweichlich. Die Verluste der deutschen Kriegsflotte nahmen immer mehr zu, und wenn nicht eine Reihe von Flughäfen durch Luftlandetruppen erobert worden wären, sodass Transportflugzeuge aus Norddeutschland für den Nachschub sorgen konnten, dann wären die deutschen Truppen wohl rasch in ernste Schwierigkeiten geraten.

Deutsche Gebietsgewinne in Norwegen

Es gelang den deutschen Truppen, ihre Stellungen im südlichen Norwegen zu konsolidieren; so wurde neben der Verbindung ihrer Enklaven um Bergen und Trondheim auch Oslo erobert. Unterdessen landeten britische Einheiten am 14. April bei Namsos und vier Tage später bei Andalsnes, um den zentralen Teil

Links: Ein Angehöriger der Gebirgsjäger überquert in schwierigem Gelände einen Bach im Norden Norwegens (1940). Durch den Einsatz von Fahrrädern sollte die Mobilität der Truppen gesteigert werden, wenngleich in diesem speziellen Fall, wo der Soldat sein Fahrzeug tragen muss, eher das Gegenteil der Fall ist. Auffällig sind auch die für diesen Einsatz idealen hohen Stiefel des Soldaten.

Links: Juli 1940: General Eduard Dietl (1890 bis 1944) von der 3. Gebirgsdivision, die vor allem im Norden Norwegens aktiv war, zeigt vorwurfsvoll auf die Kamera. Er ist hier gerade dabei, die Gegend von Narvik zu inspizieren, wobei er ein eher ungewöhnliches, aber praktisches Transportmittel benützt - einen Pferdewagen auf Schienen.

Oben: Gebirgstruppen in Norwegen feuern mit ihren 8-cm-Granatwerfern 34 auf feindliche Stellungen. Es herrscht empfindliche Kälte; noch dazu ist das Gelände schwer begehbar - als Folge davon wurde die Bodenplatte des Mörsers auf der Straße positioniert, wodurch die Erschütterung beim Abfeuern der Granaten nicht gut absorbiert wird.

Oben: Britische Soldaten, die im Zuge der Kämpfe um Trondheim im April 1940 gefangen genommen wurden, werden auf deutsche Schiffe gebracht, auf denen sie in Kriegsgefangenenlager abtransportiert werden. Als Opfer des strategischen Versagens der Alliierten in Norwegen stehen ihnen fünf Jahre in deutscher Kriegsgefangenschaft bevor.

Links: Ein deutscher Soldat bringt im Mai 1940 an einer Säule, die den Nördlichen Polarkreis im Norden Norwegens kennzeichnet, die Hakenkreuzfahne an. Bei der Pistole, die er trägt, dürfte es sich um eine polnische ViS (»Radom«) 9 mm handeln, die vermutlich im September 1939 erbeutet worden war. Die Deutschen ließen erbeutete Waffenbestände selten ungenutzt.

Rechts: Narvik nach dem Rückzug der Alliierten Anfang Juni 1940. Der Verlust dieses vor allem für den Transport von schwedischem Eisenerz äußerst wichtigen Hafens bedeutete einen schweren Schlag für die Alliierten, doch auf dem Kriegsschauplatz Frankreich und Benelux-staaten sollte es noch schlimmer kommen.

des Landes zu schützen, was aber nicht gelang. Anfang Mai hatten sich die Deutschen bereits des gesamten Landes bemächtigt - mit Ausnahme des äußersten Nordens, der Region um Narvik. Die Alliierten konnten zwar am 13. Mai in einem etwas verspäteten Angriff den Hafen besetzen, doch sie waren nicht in der Lage, ihre Stellungen zu halten; am 9. Juni mussten sie Narvik wieder aufgeben, wodurch die Deutschen das gesamte Land kontrollierten.

Wie schon beim Polenfeldzug war auch in diesem Fall der Preis des Sieges sehr hoch - insgesamt 5700 gefallene Soldaten sowie der Verlust von 13 Kriegsschiffen und sechs U-Booten -, doch die strategischen Gewinne waren beträchtlich. Außerdem hatte der Feldzug nur wenige Wochen gedauert, sodass die Wehrmacht bald berühmt-berüchtigt für ihre blitzartig geführten Angriffe war.

Diesem Prinzip blieben die Deutschen auch in den darauf folgenden Kämpfen um Frankreich und die Beneluxstaaten treu. Hatte sich die deutsche Armee schon in Polen und Skandinavien als äußerst schlagkräftig erwiesen, so bereitete sie in ihrem nächsten Schritt im Mai/Juni 1940 nun sogar den westlichen Alliierten eine vernichtende Niederlage. Noch im September 1939 hätte wohl niemand geahnt, wie verwundbar Engländer und Franzosen gegenüber einem deutschen Angriff sein würden. Frankreich schien absolut sicher hinter seinem berühmten Verteidigungswall, der Maginot-Linie, die sich entlang der Grenze zu Deutschland erstreckte, zumal man außerdem über beträchtliche Streitkräfte für andere Operationen verfügte. Dazu kamen die neun Divisionen des britischen Expeditionskorps, das gleich nach Kriegsbeginn nach Frankreich entsandt worden war und das seine relativ geringe Größe durch die Tatsache wettmachte, dass es voll mechanisiert war.

Insgesamt verfügten die Alliierten im Frühling 1940 über 100 Divisionen, 2000 Panzer und 4000 Kampfflugzeuge. Sie waren absolut überzeugt, dass ein deutscher Angriff nur über die Beneluxstaaten erfolgen konnte, da die Maginot-Linie sowie die Ardennen ein unüberwindliches Hindernis darzustellen schienen. Der Plan der Alliierten war es, den Einmarsch der Deutschen in die Beneluxstaaten abzuwarten, worauf man mobile Verbände in Bewegung setzen würde, um den deutschen Angriff abzufangen.

Strategische Mängel der Alliierten

Der Verteidigungsplan war zwar in sich logisch, nur waren die Streitkräfte der Alliierten nicht so stark wie man dachte. Die

Oben: Demoralisierte belgische Soldaten strecken im Mai 1940 die Waffen vor einer deutschen Einheit. Die belgische Armee, die kaum auf den Krieg vorbereitet war, konnte den Vormarsch der Heeresgruppe B nicht aufhalten - und das trotz der Unterstützung durch französische Truppen sowie das britische Expeditionskorps. Belgien kapitulierte schließlich am 28. Mai.

Rechts: Deutsche Soldaten, die aus ihren Transportfahrzeugen ausgestiegen sind, begutachten die Überreste einer belgischen Artilleriekolonne, die einem Luftangriff zu Beginn des Feldzuges zum Opfer gefallen war. Die Unterstützung der deutschen Bodentruppen durch Angriffe der Luftwaffe zermürbte den Widerstand der verteidigenden Streitkräfte.

Links: Fallschirmpioniere der Luftwaffe mit einem Kameraden des ehemaligen Fallschirm-Infanterie-bataillons des Heeres (links) feiern die Eroberung des belgischen Sperrforts Eben Emael im Mai 1940. Die Pioniere erreichten die Festung in Lastenseglern, wobei sie auf den Dächern landeten. Mit Hilfe von neuartigen Hafthohlladungen sprengten sie sich buchstäblich den Weg ins Innere der Festung frei.

Koordination zwischen Luft- und Bodentruppen war mangelhaft, die Panzer wurden vor allem zur Unterstützung der Infanterie eingesetzt, und auch die Frage der Kommandogewalt zwischen den Alliierten war nicht zufriedenstellend gelöst. Als der Winter 1939/40 ereignislos verstrich, ließ auch die Moral innerhalb der Streitkräfte nach. Die einzige Erfolgsmeldung kam im Januar 1940, als eine Maschine der Luftwaffe im neutralen Belgien notlandete, die - wie sich herausstellte - einen vollständigen Operationsplan für *Fall Gelb* an Bord hatte, womit nichts anderes als der Einmarsch in die Beneluxstaaten gemeint war.

Die neutralen Belgier gaben die - vorgeblich ungeöffneten - Pläne an die Deutschen zurück, nicht jedoch ohne die Alliierten von dem Inhalt in Kenntnis zu setzen. Für die Alliierten bedeuteten die Operationspläne eine Bestätigung ihrer Vermutungen, was die Strategie der Deutschen betraf.

Dieser Vorfall bedeutete einen Wendepunkt im weiteren Vorgehen der Wehrmacht, denn als Befürchtungen laut wurden, dass *Fall Gelb* dem Feind bekannt sein könnte, begann Hitler sich nach einer neuen Variante umzusehen. Diese wurde schließlich auch von General Erich von Manstein vorgeschlagen, der als Stabschef der vor Belgien stehenden Heeresgruppe A vorstand. Sein Operationsplan, der als »Sichelschnitt« bezeichnet wurde, ging davon aus, dass die Heeresgruppe B im Norden angreifen sollte, um dadurch den zu erwartenden Zug der Alliierten Richtung Belgien auszulösen. Daraufhin würden sieben Panzerdivisionen der Heeresgruppe A durch die Ardennen bis zur Kanalküste vorstoßen und so die alliierten Streitkräfte in Belgien vom Nachschub aus Frankreich abschneiden, sodass diese - von zwei Seiten angegriffen - schließlich zusammenbrechen würden.

Obwohl von Seiten der traditionell denkenden Generäle des OKH starke Zweifel an diesem Plan geäußert wurden - sie glaubten nicht daran, dass man mit Panzern sowohl die Ardennen als auch die Maas überwinden würde können -, hielt Hitler an diesem Plan fest. Was folgte, war ein Blitzkrieg im klassischen Sinne.

Wie schon in Polen, begann der Angriff der Deutschen auch diesmal aus der Luft. Am Morgen des 10. Mai 1940 griffen

Kampfbomber der Luftwaffe ausgewählte Feldflugplätze und Fliegerhorste der Alliierten an, um so viele feindliche Flugzeuge wie möglich zu zerstören und sich auf diese Weise die Herrschaft über den Luftraum zu sichern. Gleichzeitig überschritten Bodentruppen der Heeresgruppe B (von Bock) auf der vom Feind erwarteten Route die Grenze zu den Niederlanden und Nordbelgien. Mit Hilfe von Luftlandetruppen gelang es, strategisch wichtige Punkte, wie etwa das belgische Fort Eben Emael, in die Hand zu bekommen. Als Stoßkeil wurden drei Panzerdivisionen eingesetzt. Dies entsprach genau der Vorgangsweise, wie sie die Alliierten von *Fall Gelb* kannten. Als Antwort setzten sie ihrerseits »Plan D« in Kraft, d. h., sie schickten den Großteil ihrer mobilen Verbände, einschließlich des britischen Expeditionskorps, in Richtung Belgien. Angebliche Truppenbewegungen der Deutschen in den Ardennen wurden als Ablenkungsmanöver abgetan. Dadurch erhielten von Rundstedts Panzertruppen der Heeresgruppe A die Möglichkeit, ihren Plan umzusetzen. Während die Alliierten ihre Aufmerksamkeit einzig auf den Norden richteten, schoben sich drei Panzerkorps - insgesamt sieben Divisionen - auf engen Straßen den Ufern der Maas entgegen. Die Verteidigungsbemühungen der ortsansässigen Bevölkerung stellten keinerlei Hindernis dar, und durch die zuvor gewonnene Luftüberlegenheit sorgte die Luftwaffe für die lückenlose Erkundung des Terrains. Am Abend des 12. Mai erreichten die ersten Einheiten von General Hermann Hoths XV. Panzerkorps das Ufer der Maas nördlich von Dinant, und 24 Stunden später hatte General Rommels 7. Panzerdivision den Fluss überquert. Weiter südlich folgten am 14. bzw. 15. Mai General Georg-Hans Reinhardts XLI. Panzerkorps sowie Guderians XIX. Panzerkorps bei Monthermé bzw. Sedan nach. Sie durchbrachen die französischen Verteidigungslinien und erreichten in nur sechs Tagen die Kanalküste. Währenddessen

Links: Ein Panzer des Typs II der 5. Panzerdivision zwischen den Ruinen von Rouen (Juni 1940). Der Widerstand der französischen Truppen ist bereits so gut wie gebrochen. Die Evakuierungsaktion von Dünkirchen ist erfolgreich abgeschlossen, während die verbliebenen alliierten Truppen völlig demoralisiert sind. Zudem sahen sich einige französische Städte heftigen Bombenangriffen ausgesetzt. Der »Blitzkrieg« war erfolgreich; die Franzosen stehen kurz vor der Kapitulation.

Rechts: Anfang Juni 1940: Deutsche Sanitätssoldaten tragen einen der Ihren aus den Sanddünen bei Dünkirchen. Der Mann auf der Trage dürfte mit ziemlicher Sicherheit ein Deutscher sein - ein Hinweis darauf, dass der überwältigende deutsche Sieg mit hohen Verlusten erkauft war; so fielen in nur sechs Wochen nicht weniger als 137.000 deutsche Soldaten oder wurden verwundet.

Unten: Mai 1940: Eine Gruppe von Infanteristen findet während des Vormarsches der Deutschen in Richtung Küste Zuflucht im Garten eines Hauses in Tournai (Belgien). Die Gegend ist von alliierter Artillerie bedroht, die am Ufer des Escaut Stellung bezogen hat - wenngleich keiner der Soldaten einen allzu besorgten Eindruck macht. Die Rast ist wahrscheinlich sehr willkommen.

erkannten die Hauptverbände der Alliierten, die in Belgien der deutschen Heeresgruppe B gegenüberstanden, die Gefahr, die nun von zwei Seiten drohte.

Der Schlüssel zum Erfolg der Deutschen war die Überquerung der Maas, die weniger der Schwäche der französischen Verteidigungslinien als vielmehr der besonderen Form der Kriegführung zuzuschreiben war, welche die Wehrmacht praktizierte. Besonders anschaulich lassen sich die Vorteile des »Blitzkrieges« anhand von Guderians Maas-Überquerung beschreiben. Als seine Panzer sich dem Fluss näherten, konnte Guderian sich auf Berichte der Luftwaffe über die Stärke der feindlichen Linien stützen, was nur durch die deutsche Luftüberlegenheit möglich war. Als dann sein erster Versuch, den Fluss mit Hilfe von Pionieren und Infanterie zu überqueren, zurückgeschlagen wurde, konzentrierte er alle ihm zur Verfügung stehenden Kräfte, um doch noch zum Erfolg zu kommen.

Am Ostufer hatten die Panzer Stellung bezogen, um Feuerschutz zu geben; außerdem hatte man Sturzkampfbomber angefordert, um die feindlichen Stellungen aufzuweichen, sodass die ersten Truppen vorwärts stürmen konnten, um einen Brückenkopf zu bilden. Die Pioniere bauten Pontonbrücken für die Panzer, die anschließend den französischen Verteidigungswall durchbrachen. Ihre Überrumpelungstaktik brachte den Deutschen aber nur deshalb den gewünschten Erfolg, weil die Zusammenarbeit zwischen Luft- und Bodenstreitkräften perfekt funktionierte und Guderian selbst die Aktion mit großem Einsatz

Unten: Juni 1940: Deutsche Truppen suchen nahe den Befestigungen der Maginot-Linie Unterschlupf. Das schwere Maschinengewehr (MG 34) ruht auf einem speziellen Dreibein, wodurch die Waffe auch über größere Distanzen wirkungsvoll wird. An dem Soldaten im Vordergrund ist der Behälter mit der Gasmaske zu sehen.

Rechts: Ein deutscher Infanterist dringt mit seinem MG 34 durch Stacheldrahtverhau in der Nähe eines behelfsmäßigen Unterstandes. Diese Aufnahme stammt mit Sicherheit von einer Militärübung vor dem Krieg in Deutschland, wenngleich diese Vorbereitungen sich für die Überwindung der Maginot-Linie im Juni 1940 als nützlich erweisen sollten.

vorantrieb. Das Hauptproblem, das sich den Deutschen stellte, war genau genommen nicht der Feind, sondern die engen Straßen durch die Ardennen. Dies war auch der Grund, warum bei diesem Vorstoß keine Artillerie eingesetzt werden konnte, da diese auf den verstopften Straßen regelrecht stecken blieb.

Als die Panzerdivisionen den Fluss überquert hatten, gab es nichts mehr, was ihren Vormarsch hätte stoppen können. Die etwa 300 km bis zur Kanalküste waren in wenigen Tagen überwunden, wobei der Widerstand der alliierten Truppen nicht mehr allzu stark war; die Schwächen in der Koordination kamen zu diesem Zeitpunkt schon deutlich zum Vorschein. Guderian erreichte die Küste am 20. Mai, während die Hauptstreitkräfte der Alliierten nun einerseits von der Heeresgruppe B sowie andererseits von den deutschen Panzerspitzen bedroht wurden, sodass ihnen nichts anderes übrig blieb, als sich nach Dünkirchen zurückzuziehen, wo eine Evakuierung auf dem Seeweg vorgesehen war. Zu diesem Zeitpunkt hatten die Niederlande und Luxemburg bereits kapituliert; Belgien folgte am 28. Mai nach, als König Leopold III. sich mit seinen Truppen in die Kriegsgefangenschaft begab.

Unten: Schwere Feldhaubitze 18 (15 cm) im Einsatz - höchstwahrscheinlich während der Kriegsvorbereitungen. Eine gut ausgebildete Mannschaft konnte vier 14,9-cm-Granaten pro Minute abfeuern, wobei die maximale Reichweite über 13 km betrug. Diese Waffe, deren Wirkung mitunter verheerend war, bildete eine ideale Unterstützung für die Infanterie oder Panzereinheiten.

Der Zusammenbruch Frankreichs

Es gelang den Alliierten, bis 4. Juni nicht weniger als 330.000 Soldaten aus Dünkirchen zu retten, wobei aber alle schweren Waffen zurückgelassen werden mussten. Insgesamt hatten die Alliierten mehr als die Hälfte ihrer Divisionen - 61 an der Zahl - verloren. Nur 49 eher schlecht ausgerüstete und völlig demoralisierte Divisionen standen noch zur Verfügung. Anfang Juni vereinten sich die beiden Heeresgruppen der Deutschen und zogen südwärts, wo die verbliebenen Reste der französischen Armee kein wirkliches Hindernis mehr darstellten. Paris fiel am 14. Juni; acht Tage später kapitulierte die französische Regierung.

Links: Infanteristen, die in der Tradition der Sturmtruppen mit leichter Ausrüstung vordringen, um einen ländlichen Bahnhof in Frankreich zu erstürmen (Anfang 1940). Das Eisenbahnnetz war für den Transport von Nachschub und Truppenverstärkungen von größter Bedeutung. Die Tatsache, dass dieser Bahnhof praktisch unverteidigt ist, zeigt das Ausmaß des Desasters der Alliierten.

Für einen Preis von 137.000 Gefallenen und Verwundeten hatten die Deutschen das schier Unmögliche geschafft - sie hatten die westlichen Alliierten in nur sechs Wochen besiegt.

Doch es waren auch Schwierigkeiten zutage getreten. Die Panzerstoßkeile hatten zwar viel erreicht, doch wie sich zeigte, war die Infanterie nicht in der Lage, rasch genug nachzufolgen. Hitler war sich dieses Problems auch bewusst - er hatte gegen Ende Mai die Panzer zweimal anhalten lassen, um der Infanterie Gelegenheit zu geben, aufzuschließen. Unter Umständen gab aber gerade diese Maßnahme den Alliierten jene Zeit, die sie brauchten, um ihre Evakuierungsaktion von Dünkirchen durchzuführen. Weiters blieb auch der Nachschub oft im Gedränge der engen Straßen stecken, sodass er nicht rasch genug dorthin gelangte, wo er benötigt wurde. Im Augenblick hatten diese Probleme noch keine wirklich gravierenden Auswirkungen; als jedoch Adolf Hitler seine Aufmerksamkeit dem Osten zuwandte, um die »kommunistische Bedrohung« durch die Sowjetunion ein für allemal auszulöschen, sollten sie sich als kriegsentscheidend erweisen. Trotz der offensichtlichen Stärke der Wehrmacht, wie sie in Polen, Skandinavien und Frankreich so eindrucksvoll zu Tage getreten war, zeichneten sich die Ursachen für den späteren Untergang schon damals ab.

Links: Dieses Bild zeigt Paris mit dem Eiffelturm im Hintergrund, wo im Juni 1940 erstmals die Hakenkreuzfahne weht. Der Feldzug gegen Frankreich war äußerst erfolgreich, führte er doch nach kürzester Zeit zum politischen und militärischen Zusammenbruch des Landes - der Inbegriff eines Blitzkrieges also. Paris sollte erst im August 1944 wieder befreit werden.

Rechts: Deutsche Stabsoffiziere, die zu Feldmarschall Gerd von Rundstedts Heeresgruppe gehören, inspizieren die Maginot-Linie (1940). Diese französische Befestigungslinie erwies sich als wirkungslos, nachdem sie von den Deutschen umgangen worden war.

K A P I T E L 3

SCHAUPLATZ BALKAN

Die Eroberung von Jugoslawien, Griechenland und Kreta im Frühling 1941 war ein erneuter Beweis für die Schlagkraft des deutschen Heeres; allerdings führte die Balkanoffensive zu einer Verzögerung des »Unternehmens Barbarossa«, dem Einmarsch der Wehrmacht in Russland.

Links: Ein Unteroffizier feuert eine Leuchtpistole ab, um den Beginn eines Angriffs in Mostar, Bosnien, zu signalisieren (April 1941).

Oben: General Ewald von Kleist (rechts), Oberbefehlshaber der 1. Panzerarmee in Jugoslawien, an einem Orientierungspunkt der deutschen Truppen (Mai 1941).

Die Eroberung Westeuropas durch das deutsche Heer änderte die strategischen Gegebenheiten von Grund auf. Bisher war stets das Gespenst eines möglichen Zweifrontenkrieges über dem Deutschen Reich geschwebt - auf der einen Seite gegen Frankreich und seine Verbündeten, auf der anderen gegen Russland. Hitler wusste schon von seinen Erfahrungen aus dem Ersten Weltkrieg genau um diese Gefahr, die durch die ideologischen Gegensätze zwischen Nationalsozialismus und Kommunismus nur noch größer geworden war. Da aber eine Auseinandersetzung mit Russland unausweichlich schien, war es Hitlers erstes Ziel, sich gegen Westen hin abzusichern, ehe er sich mit allen Kräften der Ostfront zuwandte. Durch geschickte Diplomatie - u. a. bot man Stalin Land in Ostpolen an, was auch bereitwillig angenommen wurde - sicherte man sich 1939/40 gegenüber der Sowjetunion ab, sodass sich die Wehrmacht ganz dem Kampf im Westen widmen konnte. Doch wenn man, wie es Hitlers Absicht war, den »Kommunismus ein für allemal ausrotten« wollte, dann waren sorgfältige militärische Vorbereitungen nötig. Schon am 1. August 1940 ordnete der Führer in seiner Weisung Nr. 17 an, dass die Armee auf 180 Divisionen vergrößert werden sollte und dass die geplante Landungsoperation in Großbritannien *(Unternehmen Seelöwe)* nur auf der Basis von Erfolgen der Kriegsmarine und Luftwaffe erfolgen sollte. Doch seine Aufmerksamkeit wandte sich bereits dem Osten zu.

Das war, im Nachhinein gesehen, etwas verfrüht. Trotz der hohen Verluste, welche die Engländer in der Schlacht um Frankreich zu beklagen hatten, war Großbritannien selbst nach wie vor sicher, dass die Insel später als Basis für eine Rückeroberung des Kontinents dienen konnte. Doch noch drohte den Deutschen von dieser Seite keine Gefahr, und gewiss dachte Hitler, dass seine Taktik der Blitzfeldzüge auch gegen die Sowjetunion erfolgreich sein würde. Dennoch sollte es

Oben: Zwei Panzer des Typs IV warten im Hintergrund, während deutsche Kradschützen durch schwieriges Gelände vordringen (Nordjugoslawien, April 1941). Bei dem Motorrad handelt es sich übrigens um eine BMW R750.

Rechts: Eine Kolonne von Panzern des Typs III dringt im April 1941 in ein typisches Grenzdorf zwischen Bulgarien und Griechenland ein. Die Panzer sind zum Kampf gerüstet, wie an der zusätzlich mitgeführten Kette ersichtlich ist.

schwerwiegende Folgen haben, dass man damals im Sommer 1940 England nicht besiegen konnte. Wäre dies nämlich gelungen, so hätte man sich auch den Balkan- sowie den Afrikafeldzug ersparen können, wodurch man alle Energien in den Kampf gegen die Sowjetunion hätte investieren können - und zwar im Frühstadium des Angriffs, als die Erfolgsaussichten am größten waren.

Oben: Eine deutsche Kolonne, bestehend aus Kradmeldern, Erkundungsfahrzeugen sowie einem Panzer des Typs II, bewegt sich im April 1941 unbedrängt durch einen leicht bewaldeten jugoslawischen Landstrich. Als Erkennungszeichen trägt der Panzer ein schwarzes Kreuz, das anstelle des weißen Kreuzes eingeführt wurde, wie es noch während des Polenfeldzuges gebräuchlich war.

Neue Kriegswaffen

Doch in der Euphorie des Jahres 1940 schien für solche Überlegungen kein Anlass zu sein; die unerhörte Stärke der Wehrmacht war längst weithin anerkannt. Rückschläge oder gar Niederlagen waren ihr bis dato unbekannt, das Zusammenwirken von Panzerdivisionen und Luftstreitkräften hatte eine völlig neue Art der Kriegführung möglich gemacht. Gleichzeitig war auch die Ausrüstung stets weiter verbessert worden. Für die Feldzüge der Jahre 1939 und 1940 war der Panzer des Typs III entwickelt worden, der seine Vorgänger an Widerstandsfähigkeit und Bewaffnung deutlich übertraf. Als besonders schlagkräftige Waffe galt auch der Kampfpanzer IV, der im Krieg um Frankreich zum ersten Mal zum Einsatz gekommen war.

Auch was die Motorisierung der Infanterie betraf, gab es Verbesserungen; so erhielten die Panzergrenadiere, also jene Infanterieeinheiten, welche die Panzerdivisionen begleiteten, neue Halbkettenfahrzeuge, sogenannte Schützenpanzerwagen, die auch auf schwierigem Gelände in der Lage waren, den Panzern zu folgen.

Von großer Bedeutung war auch die Erfahrung, dass die 8,8-cm-Fliegerabwehrkanone auch gegen Panzer sehr gut eingesetzt werden konnte; so mussten die Alliierten immer wieder zur Kenntnis nehmen, dass ihre Panzer einer solchen Waffe nicht

Unten: Ein schwerer Zugkraftwagen (sZgkw 18to; SdKfz 9) wird auf den engen Straßen Italiens als Bergungsfahrzeug eingesetzt (April 1943). Der Anhänger trägt die Überreste eines Panzers, dessen Kette vermutlich durch eine Panzerabwehrmine zerstört worden ist.

gewachsen waren. Hitlers Vorliebe für kurze Feldzüge war wohl auch darin begründet, dass die deutsche Industrie noch nicht in der Lage war, Waffen in der erforderlichen Menge herzustellen. Außerdem ließen die Verluste, welche die Wehrmacht in Polen, Skandinavien und Westeuropa zu beklagen hatte, erkennen, dass auch die Grenzen der »menschlichen Ressourcen« irgendwann erreicht sein würden - wenngleich in jenem Stadium des Krieges die militärische Überlegenheit der Deutschen unbestritten war.

Die Vergrößerung der Armee, die Hitler am 1. August 1940 anordnete, war jedoch nicht so leicht zu verwirklichen. Es wurden zehn neue Panzerdivisionen aufgestellt, wodurch die Panzereinheiten zwar der Zahl nach verdoppelt wurden, was aber in Wirklichkeit nur durch eine Teilung der bestehenden Divisionen erreicht werden konnte. So verlor jede der zehn Divisionen, die am Frankreichfeldzug teilgenommen hatten, eines ihrer beiden Panzerregimenter, sodass das Gesamtaufgebot einer Division auf rund 140 Panzer verringert wurde, wofür man zum Ausgleich motorisierte Infanterie in Form eines Schützenregiments beigestellt bekam. Obwohl sich die Zahl der Divisionen erhöhte, wurden also kaum zusätzliche Panzer bereitgestellt; so war die Zahl der Panzerdivisionen von Mai 1940 bis Juni 1941 von 15 auf 32 angestiegen, während die Zahl der Panzer sich von 2574 auf 3332, also nur um ein knappes Drittel, erhöhte.

Eine ähnliche Strategie verfolgte man auch bei der Infanterie, wo erfahrene Regimenter von bestehenden Divisionen abgezogen wurden, um darauf neue Verbände aufzubauen, wobei solche Regimenter, wenn überhaupt, dann nur durch neue Rekruten ersetzt wurden. Aus alldem lässt sich folgern, dass die Kampfstärke der Wehrmacht nicht nennenswert zunahm, obwohl sie bis Juni 1941 auf 205 Divisionen aufgestockt wurde, also 65 mehr als noch

Rechts: Deutsche Motorradtruppen eskortieren eine Kolonne von erbeuteten (1940) Panzerspähwagen AMD Panhard 178 während des Vordringens nach Griechenland im April 1941. Diese wurden als Panzerspähwagen P 204(f) weiterverwendet. Das Fahrzeug links ist ein Befehlsfahrzeug, wie an der Funkantenne ersichtlich ist. Die Verschiedenheit der Fahrzeuge dieser Kolonne lässt eindeutig darauf schließen, dass es sich um eine Aufklärungseinheit handelt.

Links: Deutsche Kanoniere bereiten sich darauf vor, ihre 7,5-cm-Panzerjägerkanone 40 in felsigem Gelände in Jugoslawien abzufeuern. Die Pak 40 wurde im Jahr 1939 entwickelt, aber erst gegen Ende 1941 erstmals eingesetzt, sodass diese Aufnahme erst 1942 oder 1943 während der Jagd auf Partisanentrupps entstand. Auffallend ist auch die Größe der Granate.

ein Jahr zuvor. Außerdem konnte auch das Problem des Nachschubs für diese Verbände nicht wirklich gelöst werden, da zu diesem Zweck immer noch großteils Pferdewagen in Verwendung waren. Diese Schwächen waren von den Erfolgen des Jahres 1940 kaschiert worden, doch in den endlosen Weiten, die es in der Sowjetunion zu überwinden galt, traten sie umso deutlicher zu Tage.

Die Planungen für *Unternehmen Barbarossa,* den Einmarsch in die Sowjetunion, begannen schon im Spätsommer 1940, was auch der Zeitpunkt der ersten Truppenbewegungen von West nach Ost war. Noch allerdings war man mit anderen Schwierigkeiten konfrontiert. Die geplante Landungsoperation in England musste im Oktober 1940 endgültig für dieses Jahr verschoben werden, da die angestrebte Luftherrschaft über Südengland nicht errungen worden war. Der Hauptkriegsschauplatz jener Tage war das Mittelmeergebiet und der Balkan.

Auslöser dieser Ereignisse war Hitlers Verbündeter Benito Mussolini, der faschistische Führer Italiens, der am 10. Juni 1940 England und Frankreich den Krieg erklärte - wohl mit dem Hintergedanken, die momentane Schwäche der beiden Mächte auszunützen. Zum Leidwesen der verbündeten Achsenmächte (Italien und Deutschland) zeigte sich jedoch bald, dass Mussolinis Truppen bei weitem nicht an die Erfolge der deutschen Streitkräfte anschließen konnten. Es gab zwar anfangs Landgewinne in Ostafrika - so konnte im Juni Britisch-Somaliland eingenommen werden -, doch in Ägypten und Griechenland, wo die Italiener im September bzw. Oktober des Jahres Angriffe starteten, gab es kaum Erfolge zu verbuchen. Vielmehr wurden die italienischen Truppen durch die an allen drei Schauplätzen erfolgenden Gegenangriffe bald wieder zurückgedrängt. Die Briten zogen Truppen aus Nord- und Ostafrika ab, um die griechischen Streitkräfte zu unterstützen, und so hatte Hitler keine andere Wahl, als seinem Verbündeten beizustehen - lag es doch im eigenen Interesse, die Südflanke des Reiches abzusichern, ehe er zum Vorstoß nach Osten ansetzte.

Der Plan zur Balkanoffensive

Während die Deutschen sich in Nordafrika mit dem Einsatz von zwei Divisionen begnügten (siehe Kapitel 4), war die Situation auf dem Balkan bei weitem schwieriger. Deutschland war von rumänischem Öl abhängig - für den Blitzkrieg eine unerlässliche Voraussetzung -, und konnte es sich nicht leisten, seine Südflanke schutzlos zu lassen. Zu Beginn konnte man dieses Problem auf diplomatischem Weg lösen; so hatten sich bis Ende 1940 sowohl Rumänien als auch Ungarn der Allianz der Achsenmächte angeschlossen, worauf mit Zustimmung der

Unten: Infanteristen, mit Gewehren und einem MG bewaffnet, gehen in einem Straßengraben in Deckung. Ihre besorgten Minen lassen auf einen drohenden Luftangriff schließen, wenngleich der Panzer im Hintergrund keine Anstalten macht, sich in Sicherheit zu bringen. Dieses Bild vom April 1941 dürfte im Süden Griechenlands aufgenommen worden sein.

Oben: Mechaniker arbeiten im Schatten einer Baumgruppe an einem Sturmgeschütz (StuG) III F/8. Das StuG III F/8 ruhte auf einem Panzerfahrgestell des Typs III und war mit einer langen 7,5-cm-Kanone ausgestattet; sie besaß eine 8 cm dicke Schutzpanzerung und wurde vor allem zur Unterstützung der Infanterie eingesetzt.

dortigen Diktatoren in beiden Ländern deutsche Truppen stationiert wurden. Doch als die Griechen zum Gegenschlag ansetzten und die italienischen Eindringlinge nach Albanien zurückschlugen, entstand für die Deutschen erneut Handlungsbedarf.

So gab Hitler schon am 18. November 1940 den Auftrag zur Vorbereitung einer blitzartig geführten Balkanoffensive, mit dem Ziel, dass Jugoslawien, Bulgarien und - in geringerem Ausmaß - auch die Türkei die deutsche Vorherrschaft anerkannten und der Zerstörung Griechenlands zustimmten.

Der Feldzug musste schon allein deshalb kurz sein, weil die Truppen für den im Frühling 1941 geplanten Einmarsch in Russland bereit sein sollten. Bulgarien ließ schließlich die Stationierung deutscher Truppen auf seinem Gebiet zu, und auch die Türken widersetzten sich den deutschen Forderungen nicht - doch in Jugoslawien brachte eine politische Krise zu Beginn des Jahres 1941 alle Versuche, das Land in den Kreis der Achsenmächte einzugliedern, zum Scheitern. Gegen Ende März erschien es Hitler unumgänglich, sowohl in Jugoslawien als auch in Griechenland einzumarschieren.

Die Balkanoffensive läuft an

Der Einmarsch in Griechenland sollte von der 12. Armee unter Generalfeldmarschall List durchgeführt werden, die mit ihren zwölf Divisionen in Bulgarien bereitstand. Am 27. März 1941 entschloss sich Hitler, den Angriff auf Jugoslawien auszudehnen, sodass am 6. April, als der Feldzug begann, das XL. Panzerkorps westwärts nach Skopje zog und der Einmarsch in Griechenland zunächst vom XVIII. Armeekorps allein durchgeführt wurde. Am Angriff auf Jugoslawien beteiligten sich außerdem die 2. Armee (Weichs), die von Österreich und Ungarn südwärts zog, sowie das XLI. Armeekorps, das von Rumänien aus nach Belgrad vorstieß.

Jugoslawiens Widerstand war jedoch nicht allzu stark, sodass das XL. Panzerkorps erst Skopje nahm und dann über Monastir ins nördliche Griechenland vordrang. Dies erwies sich als entscheidender Schritt, weil dadurch die englisch-griechischen Linien umgangen werden konnten und man den griechischen Truppen in Albanien den Rückzug abzuschneiden drohte. Unterdessen war das XVIII. Armeekorps durch Mazedonien bis Saloniki vorgedrungen, wo man am 9. April einmarschierte. Drei Tage später mussten sich die Briten zuerst zum Olymp zurückziehen und dann, als sie auch diese Stellungen nicht halten konnten, zur Thermopylen-Linie, um den Zugang nach Athen abzuriegeln.

Nachdem der jugoslawische Widerstand zusammengebrochen war und auch die griechischen Truppen kaum noch verteidigungsfähig waren, beschlossen die Engländer, ihre verbliebenen Einheiten auf dem Seeweg zu evakuieren, sodass der Feldzug der deutschen Truppen bis Ende April siegreich abgeschlossen war - die Bezeichnung »Blitzkrieg« ist also auch in diesem Fall keine Übertreibung, wobei der Erfolg der Deutschen jedoch durch zwei Faktoren begünstigt wurde: einerseits die Tatsache, dass die Verteidiger das hügelige Terrain nicht zu ihren Gunsten nützen konnten, sowie andererseits die mangelnde Unterstützung, welche die griechischen Truppen dem britischen Expeditionskorps angedeihen ließen.

Doch die Offensive war noch nicht ganz beendet, denn Hitler wollte auch die Insel Kreta unter Kontrolle bekommen, um dadurch die Herrschaft über die Ägäis an sich zu reißen und eine britische Gegenoffensive von Nordafrika unmöglich zu machen.

Die Briten, denen es gelungen war, Funksprüche der Deutschen abzuhören, wussten über Hitlers Absichten Bescheid und bereiteten so die Verteidigung der Insel vor. Über 27.000 aus Griechenland evakuierte Soldaten wurden nach Kreta geschickt, wo sie sich einer Garnison von 3000 britischen und 14.000 griechischen Soldaten anschlossen. Die verteidigenden Truppen verfügten jedoch über keine Unterstützung aus der Luft - ein wesentlicher Nachteil, wie sich bald zeigen sollte.

Der Angriff begann mit einem ersten großen Luftlandeeinsatz von Fallschirmtruppen und Gebirgsjägern. Über 15.000 Mann des XI. Fliegerkorps unter General Kurt Student sollten entlang der Nordküste landen. Sobald sie die Flughäfen von Maleme, Chania und Heraklion gesichert haben würden, sollten die Männer der 5. Gebirgsdivision mit Ju-52-Transportmaschinen und Lastenseglern nachrücken. Der Rest der Division würde dann auf dem Seeweg auf die Insel gelangen.

Die als *Unternehmen Merkur* bezeichnete Offensive begann am Morgen des 20. Mai und lief alles andere als erfolgreich an. In der Gegend von Maleme landeten Teile des *Sturmregiments* inmitten von neuseeländischen Truppen und wurden fast völlig aufgerieben, während auch die Männer des 3. Regiments ihr Ziel, nach Chania vorzudringen, nicht erreichten. Der zweiten Welle

Rechts: Feldmarschall List besucht deutsche Gebirgsjäger während des Einsatzes in Griechenland im Jahr 1941. Er spricht gerade mit drei Gefreiten, wobei der Soldat in der Mitte des Bildes das Eiserne Kreuz Erster und Zweiter Klasse trägt.

Unten: Feldmarschall Wilhelm List, Oberbefehlshaber der 12. Armee, nimmt am 7. Mai in Athen die Parade ab. Die Soldaten fahren in Halbketten-Schützenpanzerwagen (SdKfz) 251 (die Fahrzeuge tragen die Nummernschilder »WH« der Wehrmacht). Hinter Feldmarschall List ist SS-Gruppenführer Josef »Sepp« Dietrich zu sehen.

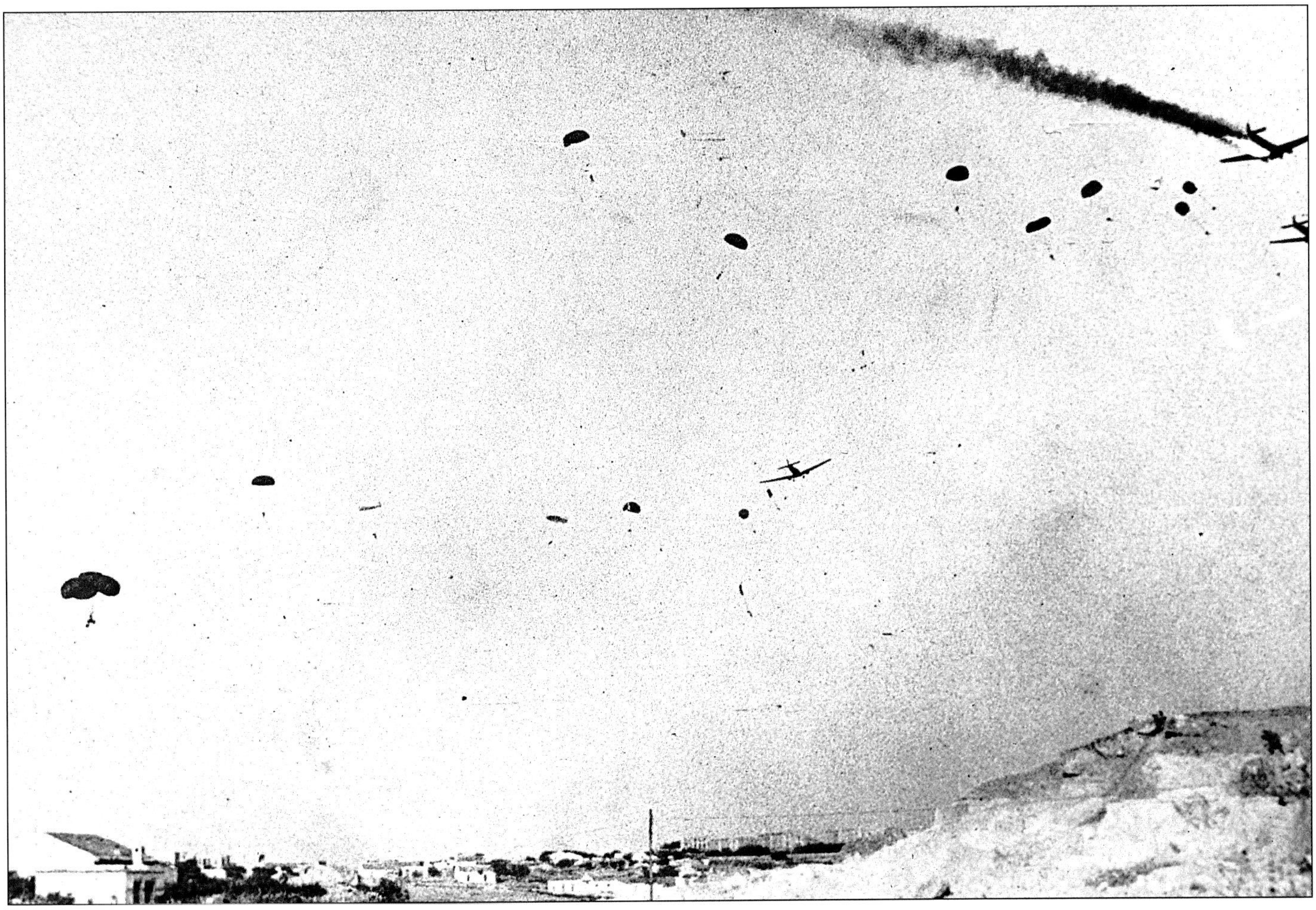

Oben: Deutsche Fallschirmjäger springen von ihren Ju-52-Transportflugzeugen ab. Die 7. Fallschirmdivision landete in zwei Wellen und konnte nach zwei Tagen erbitterter Gefechte den Fluhafen von Maleme einnehmen. Der Angriff auf Kreta endete zwar siegreich, aber mit extrem hohen Opfern an Menschenleben und Flugzeugen. Die Aufnahme stammt vom Mai 1941.

Links: General von Kleist nimmt in Belgrad die Parade ab. Bei dem Panzer handelt es sich um einen PzKpfw IV, Ausführung D, der 11. Panzerdivision, der soeben das jugoslawische Parlamentsgebäude passiert, wo diese Parade am 14. April 1941 stattfand. Die 11. Panzerdivision stieß von Bulgarien aus in die jugoslawische Hauptstadt vor.

von Luftlandetruppen erging es nicht besser, sodass es ganz so aussah, als wäre die Operation bereits gescheitert. Doch es gelang den Deutschen schließlich, einen Fehler der englischen Truppenführung auszunützen, in dessen Folge die Engländer am 21. Mai den strategisch wichtigen Hügel über dem Flugplatz von Maleme verließen. Sofort forderte General Student neue Truppen an, die mit Hilfe von Ju-52-Maschinen trotz heftigen Beschusses landen und den Flugplatz einnehmen konnten. Dieses Ereignis brachte die Wende im Kampf um Kreta, denn nun konnten die Deutschen auf dem Luftweg fast ungehindert Truppen auf die Insel bringen.

Die britischen Kommandeure waren zunächst überzeugt, dass die Luftlandeaktionen der Deutschen eine Art Täuschungsmanöver darstellten und dass der eigentliche Angriff auf dem Seeweg erfolgen würde. Als in der Nacht vom 21. auf den 22. Mai deutsche Motorseglerstaffeln mit Gebirgsjägern an Bord gestellt und versprengt werden konnten, dachte man, die Bedrohung wäre damit beseitigt - eine verhängnisvolle Fehleinschätzung, wie sich bald zeigen sollte. Die Deutschen brachten auf dem Luftweg weitere Verstärkungen auf die Insel, während Students Vormarsch in Richtung Chania und Heraklion die verteidigenden Truppen immer weiter zurückdrängte. Die britische Garnison von Heraklion musste am 28./29. Mai auf dem Seeweg evakuiert werden, was den Deutschen einen weiteren Luftlandestützpunkt eröffnete. Zu diesem Zeitpunkt war es bereits beschlossene Sache, die griechisch-englischen Einheiten möglichst vollzählig von der Insel abzuziehen. Am 1. Juni war Kreta bereits völlig unter deutscher Kontrolle.

Der Sieg auf Kreta

Es war ein hart erkämpfter Sieg der deutschen Luftlandetruppen, der mit gewaltigen Verlusten erkauft werden musste; 6500 Soldaten waren gefallen oder verwundet, und darüber hinaus hatte man auch 40 Ju-52-Maschinen verloren. Doch immerhin hatte man die Kontrolle über den Balkanraum erkämpft, bevor *Unternehmen Barbarossa,* das am 22. Juni beginnen sollte, gestartet wurde. Es sollte das letzte Mal sein, dass Hitler die Luftlandetruppen für unabhängige Operationen einsetzte, was sich vor allem auf die Planung der Eroberung Maltas, eines mindestens ebenso wichtigen strategischen Zieles wie Kreta, auswirken sollte. Doch General Students Männer hatten der Welt einen erneuten Beweis für die unerhörte Schlagkraft der deutschen Armee geliefert - ein Bild, an dem sich erst durch die alptraumhaften Ereignisse an der Ostfront etwas ändern sollte.

KAPITEL 4

DAS AFRIKAKORPS

Ab Anfang 1941 beteiligte sich die Wehrmacht an dem von Italien geführten Krieg in Nordafrika. Generalleutnant Erwin Rommel, ein großer Stratege auf dem Schlachtfeld, war nahe daran, einen deutschen Sieg auf diesem Kriegsschauplatz sicherzustellen.

Links: General Erwin Rommel, der »Wüstenfuchs« (1891 bis 1944), mit zwei seiner Offiziere - einem deutschen und einem italienischen.

Oben: Stabsoffiziere des Afrikakorps beim Kartenstudium scharen sich um einen Kommando-Panzerwagen SdKfz 251/6 (Nordafrika, 1941).

Wie auf dem Balkan wurde auch in Afrika das deutsche Eingreifen durch italienische Misserfolge ausgelöst. Mussolinis Angriff auf Ägypten - im September 1940 gestartet - kam rasch zum Stillstand, und als die britische Western Desert Force unter General O'Connor Anfang Dezember zum Gegenangriff ansetzte, gerieten die italienischen Truppen rasch in die Defensive. Bereits Anfang Februar 1941 waren nicht weniger als 130.000 Italiener in englischer Gefangenschaft, und die Briten kontrollierten den gesamten Cyrenaika-Küstenvorsprung in Libyen, wobei sie außerdem 400 Panzer und mehr als 800 Kanonen erbeutet hatten. Die Opferbilanz der Engländer belief sich auf knapp 2000 Mann. Auch in Ostafrika blieben die Briten siegreich, sodass sie drauf und dran waren, Mussolinis Kolonialreich zu zerstören.

Wenn dies tatsächlich gelungen wäre und die Briten weiter westlich nach Tripolis vordringen hätten können, dann hätte es für die Achsenmächte keine Möglichkeit mehr gegeben, einen Umschwung herbeizuführen, weil aus Südeuropa keine Truppen mehr hätten nachkommen können. Aus zwei Gründen blieb Mussolini eine völlige Niederlage erspart: erstens erhielt General

Oben: Rommel (Mitte) nach einer Beratung mit seinen Stabsoffizieren in seinem Hauptquartier in Benghasi, Libyen, zu Anfang des Jahres 1942. Im Schatten des Eingangs ist Feldmarschall Albert Kesselring (1885 bis 1960) zu sehen.

Rechts: Deutsche Truppen durchkämmen die Straßen von Benghasi, nachdem sie die Hafenstadt Anfang April 1941 einnehmen konnten. Der Lastkraftwagen am linken Bildrand, in dem - wie es scheint - britische Kriegsgefangene sitzen, ist ein typisches Beispiel für die Fahrzeuggattung, die für beide Seiten in Nordafrika von allergrößter Bedeutung war, um den Nachschub gewährleisten zu können.

Sir Archibald Wavell von Premierminister Winston Churchill den Auftrag, einen Teil der Desert Force nach Griechenland zu schicken, das bereits von den Achsenmächten bedroht wurde. Zweitens aber wandte sich Mussolini an Hitler um Hilfe, die dieser etwas widerwillig auch gewährte, indem er Teile der Wehrmacht nach Afrika schickte.

Rommels erste Offensive

Am 12. Februar 1941, weniger als eine Woche nach der Niederlage der italienischen Truppen, traf Generalleutnant Erwin Rommel, der frühere Kommandeur der 7. Panzerdivision, mit seinem Afrikakorps in Tripolis ein. Es war dies keine große Streitmacht - sie umfasste anfangs nur zwei Divisionen, die 15. Panzer- sowie die 5. leichte Division -, doch ihre Wirkung war sofort spürbar. Noch bevor seine kompletten Truppen eingetroffen waren, ging Rommel zum Angriff über und drängte die Briten von ihren Positionen um El Agheila bis zur ägyptischen Grenze zurück. Trotz wiederholter Bemühungen gelang es Rommel aber nicht, Tobruk einzunehmen, doch ansonsten waren die Briten Anfang Mai auf ihre Ausgangsstellung zurückgeworfen.

Unten: Eine 5-cm-Panzerjägerkanone 38 wird in der Wüste in Stellung gebracht. Diese Abbildung aus dem Jahr 1941 zeigt die Schwierigkeiten, die mit der Kriegführung in Nordafrika verbunden waren - die endlose Weite der Wüste bietet kaum Schutz gegen feindliche Angriffe. Die Uniform der Soldaten ist an die Bedingungen der Wüste angepasst.

Oben: Die Bedienungsmannschaft einer 5-cm-Panzerjägerkanone 38 bezieht ihre Stellung auf einem Sandhügel, wo sie den Feind erwartet. Die Abbildung wurde wahrscheinlich zu Beginn des Jahres 1941 aufgenommen, bevor viele Soldaten des Afrikakorps ihre Helme mit der bequemen Dienstkappe vertauschten.

Mitte Mai sowie Mitte Juni versuchten die Briten ihrerseits einen Vorstoß, der aber an der libysch-ägyptischen Grenze aufgehalten wurde. Erfolgreicher war schließlich die als *Operation Crusader* bezeichnete Gegenoffensive im November 1941, in deren Verlauf nicht nur der Belagerungsring rund um Tobruk gesprengt werden konnte, sondern nach harten Gefechten Rommels Truppen schließlich nach El Agheila zurückgedrängt wurden. Der Gegenschlag folgte jedoch auf dem Fuß - Rommel stieß im Januar 1942 bis südlich von Gazala vor, wo die Engländer zusammen mit den Truppen der »Freien Franzosen« seinen Vormarsch stoppten.

Im Mai 1942 unternahm Rommel an der Gazala-Front einen neuen Vorstoß, in dessen Verlauf er Tobruk einnahm und die Alliierten bis El Alamein zurückdrängte. Deutsche Angriffe im Juli (die erste Schlacht bei El Alamein) und August (Alam Halfa) brachten keinen Durchbruch, wodurch der neue Oberbefehlshaber der britischen 8. Armee, General Montgomery, Gelegenheit

Oben: 2-cm-Fliegerabwehrkanone (Flak) 30, in diesem Fall gegen feindliche Panzer eingesetzt (Nordafrika, 1941). Die Flak 30, die seit 1935 zur Standardausrüstung der Wehrmacht gehörte, war wegen ihrer raschen Schussfolge - etwa 120 Schuss/min - auch im Bodenkampf eine äußerst durchschlagskräftige Waffe.

bekam, seine Offensive vorzubereiten. Als diese gegen Ende Oktober anlief (die zweite Schlacht von El Alamein), wurde Rommel entscheidend zurückgedrängt - diesmal bis nach Tunesien, wo englische und amerikanische Truppen, die in Nordafrika gelandet waren, ostwärts vordrangen. Doch die Achsenmächte hielten weiter aus, bis im Mai 1943 Tunis von den Alliierten erobert wurde.

Zusammenfassend lässt sich sagen, dass das Kriegsgeschehen in Afrika ständig hin und her wogte. Dafür waren mehrerlei Gründe ausschlaggebend. Durch seine landschaftlichen Gegebenheiten war Nordafrika als Kriegsschauplatz besonders für weiträumige Operationen geeignet. Es gab - mit Ausnahme der

Links: Rommel beobachtet den Feind durch seinen Spezialfeldstecher, während der Soldat hinter ihm mit Hilfe eines Sonnenkompasses die genaue Position ermittelt. In der Wüste war die genaue Orientierung von allergrößter Bedeutung, wobei sich auch erfahrene Soldaten immer wieder verirrten.

Unten: Rommels Befehlsfahrzeug während des Nordafrikafeldzuges - ein von den Briten erbeuteter Panzerwagen AEC Mark II. Die groß aufgemalten Erkennungszeichen sollen verhindern, dass das Fahrzeug von den eigenen Truppen angegriffen wird. Außerdem trägt es das Zeichen der 21. Panzerdivision.

schmalen Küstenstreifen - kaum größere Bevölkerungsballungen, sodass die Armeen genügend Raum für ihre Manöver hatten. Mit Ausnahme der Wüstengebiete im Süden kamen die Panzertruppen gut voran, was vor allem in Westägypten sowie der Cyrenaika besonders auffallend war. Somit war Nordafrika für Panzeroperationen besonders gut geeignet.

Ein ständiger Alptraum war jedoch die Sicherstellung der Versorgung für die Truppen. Beide Seiten waren darauf angewiesen, irgendwo in der Umgebung des Kriegsschauplatzes »Quellen« zu erschließen, von denen man Treibstoff, Ausrüstung, Munition und Nahrungsmittel beziehen konnte. Die Engländer, die das Nildelta kontrollierten, waren insofern zwar im Vorteil, wenngleich auch sie auf Nachschubzufuhr über das Mittelmeer angewiesen waren, was mit großen Gefahren verbunden war. Eine Alternative bestand darin, den afrikanischen Kontinent zu umfahren und über das Rote Meer ans Ziel zu gelangen. Im Vergleich dazu waren Rommels Nachschubwege - sie reichten von Süditalien nach Tripolis - bedeutend kürzer, aber auch sie waren stets in Gefahr, abgeschnitten zu werden. Solange die Engländer Malta besetzt hielten, waren die Achsenmächte ständigen Luft-, See- und Unterseeangriffen ausgesetzt, die Rommels Afrikaeinsatz immer wieder in Mitleidenschaft zogen.

Doch selbst wenn es gelang, genügend Nachschub auf den afrikanischen Kontinent zu transportieren, standen die Kriegsparteien immer noch vor dem Problem, die Güter dorthin zu schaffen, wo sie benötigt wurden - nämlich an die Front.

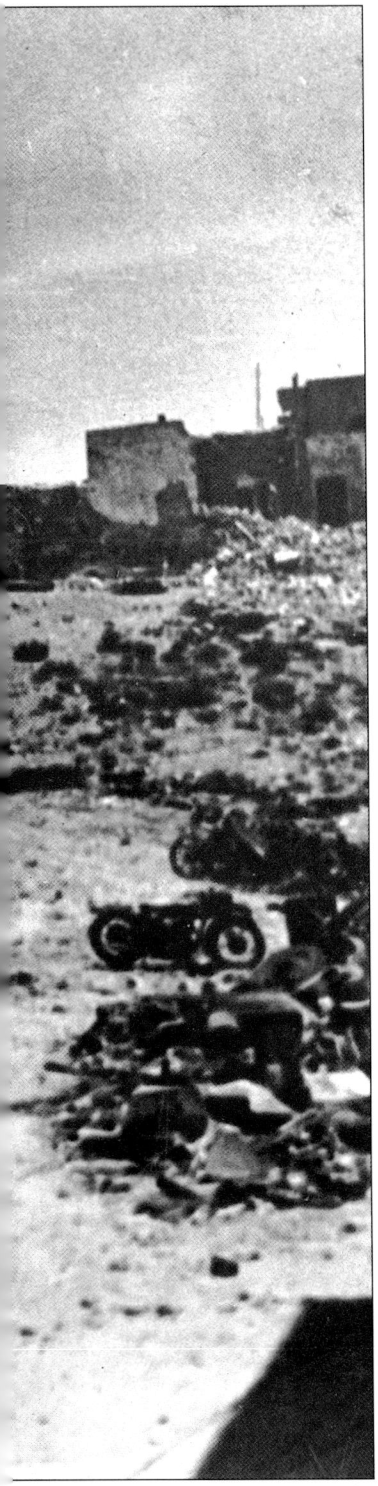

Rechts: Die Achsenmächte marschieren auf Tobruk zu, sodass die Stadt im Juni 1942 unter heftigen Luft- und Artilleriebeschuss gerät. Die von schlecht vorbereiteten südafrikanischen Truppen der 2. südafrikanischen Division verteidigten Befestigungen waren seit Dezember 1941 großteils abgebaut worden, sodass die Stadt gegen Angriffe nicht wirklich geschützt war. Der Verlust Tobruks war für die alliierten Truppen vor allem in moralischer Hinsicht ein schwerer Schlag.

Unten: Eine italienische Nachschubkolonne überwindet den Sallum-Pass an der Grenze zwischen Libyen und Ägypten. Entlang der Straße liegt von den Briten zurückgelassene Ausrüstung - ein Indiz für den überstürzten Rückzug der 8. Armee aus Gazala. Diese Abbildung vom Juni 1942 lässt erahnen, wie verwundbar solche Nachschubkolonnen für Angriffe aus der Luft waren.

Schwere Fahrzeuge konnten sich nur auf den Küstenstraßen wirklich zügig bewegen, sodass man Sandwüsten oder felsiges Gelände wenn möglich umging. War dies jedoch unausweichlich, so wurden die Fahrzeuge dabei solchen Belastungen ausgesetzt, dass sie irgendwo auf der Strecke hängenblieben, was das Nachschubproblem nur noch dringlicher machte, da auf diese Weise nicht nur die Ladung verloren ging, sondern noch dazu Ersatzteile für die Fahrzeuge benötigt wurden - ein wahrer Teufelskreis also.

Dieses Problem war auch der Hauptgrund dafür, dass das Kriegsgeschick in Nordafrika ständig hin und her wogte. Kaum konnten die Engländer einmal einen strategischen Erfolg verbuchen, bedeutete das schon wieder, dass sie sich weiter von ihren Versorgungsbasen in Ägypten entfernen mussten, was die Nachschublieferungen immer schwieriger machte. Mit genau demselben Problem waren auch Rommels militärische Erfolge verbunden. Auch sein Vormarsch scheiterte stets an der wachsenden Entfernung von seiner Nachschubbasis in Tripolis. Es

Oben: Deutscher Soldat auf dem Hauptplatz von Tobruk, kurz nach der Eroberung des Hafens im Juni 1942. Die von den Deutschen von April bis Dezember 1941 belagerte Stadt konnte von den Engländern im Zuge ihrer *Operation Crusader* befreit werden, worauf sie jedoch nach der Niederlage der Alliierten bei Gazala den Achsenmächten in die Hände fiel.

Links: Rommel präsentiert sich dem Fotografen, nachdem ihm ein italienischer Orden verliehen wurde - das Großkreuz des Kronenordens. Außerdem trägt er das Ritterkreuz mit Eichenlaub sowie den Orden »Pour le Mérite«, der ihm für besondere Tapferkeit im Jahr 1917 verliehen worden war, und zwar - Ironie des Schicksals - im Kampf gegen die Italiener.

Unten: Panzer des Typs III eskortieren eine Gruppe von Stabsfahrzeugen mit Rommel und seiner Begleitung während einer Inspektion der Fronteinheiten in Nordafrika. Die Panzer tragen Reserveketten mit sich, die auch eine Schutzfunktion ausfüllen. Dieses Bild wurde Anfang 1942 aufgenommen.

Oben: Unter britischen Panzertruppen besonders gefürchtet war diese 8,8-cm-Fliegerabwehrkanone (Flak) 18, die auch im Bodenkampf eingesetzt wurde. Dieses Exemplar befindet sich auf einem Sonderhänger 201, der von einem Acht-Tonnen-Zugkraftwagen (SdKfz 7) gezogen wird. Kein alliierter Panzer war dieser Flak gewachsen.

gelang zwar der einen oder anderen Seite, 500 oder 700 km vorzudringen, doch solche Erfolge brachten stets eine erhöhte Verwundbarkeit für Gegenangriffe mit sich. Und kaum war das erste Anzeichen eines solchen Gegenschlages zu erkennen, ließen sich die Truppen der vordringenden Armee schon wieder zurückfallen, so als würden sie an einem elastischen Band hängen - und das oft noch bevor sie mit einem tatsächlichen Gegenschlag der feindlichen Truppen konfrontiert waren. Befanden sie sich wieder in Sicherheit, so traten sie erneut den Weg nach vorne an, wodurch die feindlichen Truppen nun ihrerseits zum eiligen Rückzug bliesen.

Es gelang den Engländern schließlich, das Problem des Nachschubs dadurch zu lösen, dass sie große Vorräte an Fahrzeugen und Gütern anlegten, ehe sie in die entscheidende Schlacht von El Alamein gingen - ein Luxus, der für Rommel unerfüllbar blieb. Immerhin tobte im Spätsommer 1941 bereits der Krieg an der Ostfront, sodass Hitler das Afrikakorps mit äußerster Sparsamkeit behandelte, was die Nachschublieferungen betraf. Der »Wüstenfuchs«, wie Rommel aufgrund seiner strategischen Schlauheit genannt wurde, war also gezwungen, seinen Krieg mit äußerst geringen Mitteln zu führen, wobei seine einzige Rettung oft darin bestand, dass er vom Feind Treibstoff und Nahrungsmittel er-

Oben: Deutsche Artillerie - in diesem Fall 10-cm-Geschütze - feuert auf alliierte Stellungen. Am Gelände lässt sich erkennen, dass die Truppen der Achsenmächte die Sandwüste hinter sich gelassen haben und nun Stellungen im Westen Libyens bzw. im Osten Tunesiens bezogen haben. Die Aufnahme stammt aus dem Jahr 1942.

Rechts: Eine gemischte Patrouille aus Heeressoldaten und Fallschirmjägern, unterstützt von einem leichten Panzer des Typs II, dringt in ein kleines Dorf in Tunesien vor. Die auf dieser Abbildung aus dem Jahr 1943 zu sehenden Fallschirmjäger gehörten zwar zur Luftwaffe, kämpften aber oft Seite an Seite mit den Soldaten der Infanterie.

beuten konnte, wie dies beispielsweise im Juni 1942 in Tobruk der Fall war.

Eines der strategischen Mittel der Engländer war es außerdem, die Versorgungsschiffe der Achsenmächte auf dem Weg nach Tripolis anzugreifen, wobei man sich vor allem auf Öltanker konzentrierte, damit Rommels Truppen der dringend benötigte Treibstoff für ihre Panzer versagt blieb. Des weiteren führten die Engländer regelmäßige Luftangriffe auf die Transportkolonnen durch, die von Tripolis zur Front unterwegs waren, wenngleich dazu eine gewisse Luftüberlegenheit sowie der Zugang zu nahegelegenen Luftstützpunkten nötig waren.

Die Strategie der Engländer

Rommels Versorgungsprobleme lassen seine Erfolge nur noch bemerkenswerter erscheinen; so konnte er den Engländern zwischen März 1941 und Oktober 1942 eine Reihe von empfindlichen Niederlagen zufügen, obwohl diese zumeist zahlenmäßig überlegen und gut ausgerüstet waren. Bis zu einem gewissen Grad war dies auch die Schuld der britischen Befehlshaber, die, nachdem General O'Connor im April 1941 in Gefangenschaft geriet, niemanden in ihren Reihen zu haben schienen, der das strategische Gespür besessen hätte, eine Offensive im Stil eines Blitzkrieges zu führen. Dies zeigte sich beispielsweise an den misslungenen Angriffen an der libysch-ägyptischen Grenze im Mai bzw. Juni 1941 sowie an der Gazala-Linie ein Jahr später, wo der unkoordinierte Vormarsch der Engländer zum Scheitern verurteilt war.

Die militärischen Erfolge, die den Engländern etwa im Zuge der *Operation Crusader* im November bzw. Dezember 1941 sowie bei El Alamein 1942 gelangen, beruhten zunächst auf großer

zahlenmäßiger Überlegenheit und konzentrierter Feuerkraft, mit deren Hilfe der Gegner soweit erschüttert werden konnte, dass ein - immer noch relativ langsames - Vordringen möglich war. Rommel hingegen war ein Könner der mobilen Kriegführung, der mit seinen Angriffen auf den Feind selbst und nicht auf das Land abzielte, das dieser vorübergehend unter Kontrolle hatte. Seine Strategie war es, den Zusammenhalt der feindlichen Truppen sowie deren Waffen zu zerstören.

Eine der Listen, die er dazu anwandte, bestand darin, die offene Südflanke zur Wüste hin zu nutzen, um hinter die feindlichen Stellungen zu gelangen und auf diese Weise den militärischen »Arm« an der Front von den Kommandozentralen, dem »Gehirn«, abzutrennen. Diese Strategie wandte Rommel etwa

Oben: General Jürgen von Arnim (1891 bis 1971), Oberbefehlshaber der Heeresgruppe Afrika in Tunesien, nachdem Rommel im März 1943 nach Deutschland zurückkehrte, schüttelt während einer Frontinspektion einem seiner Soldaten die Hand. Von Arnim wurde im Mai 1943 von den Alliierten gefangen genommen, als der Krieg in Tunesien zu Ende ging.

bei seiner ersten Offensive im März 1941 an, als er mit seinen Panzern die britischen Einheiten überrumpeln konnte; einen Höhepunkt in dieser Hinsicht stellten jedoch die Ereignisse an der Gazala-Front im Mai 1942 dar. Rommel stand einer Linie von britischen Verteidigungsstellungen, den »Boxes«, gegenüber, die sich von der Küste bis zu dem von den Freien Franzosen verteidigten Wüstenfort Bir Hacheim erstreckten. Mit Hilfe von italienischer und deutscher Infanterie ließ er einen Frontalangriff starten, während die Panzer die südliche Flanke der Gazala-Linie umgehen sollten.

Die Operation verlief nicht so reibungslos, wie Rommel geplant hatte - die frei-französische Brigade leistete erbitterten Widerstand, und auch die britischen Verteidigungsstellungen zeigten sich stärker als angenommen. Zwei Tage nach Beginn des Angriffs, am 28. Mai, steckte Rommel zwischen britischen Verteidigungsstellungen und seinen eigenen Minenfeldern fest, doch es gelang ihm dennoch - wohl unterstützt durch mangelnde Koordination auf britischer Seite - nach zwei Wochen erbitterter Gefechte, sich aus seiner ausweglos scheinenden Situation zu befreien und die Briten zurückzudrängen, die sich nicht nur bis El Alamein zurückziehen mussten, sondern auch Tobruk den Deutschen überließen, wodurch diese 2000 betriebstaugliche Fahrzeuge erbeuteten. Es war dies Rommels größte Stunde, worauf ihn Hitler prompt zum Generalfeldmarschall ernannte.

Alam Halfa und El Alamein

Durch solche aufsehenerregenden Erfolge, die oft noch dazu gegen eine Übermacht erzielt wurden, war Rommel bald überall als großer Feldherr bekannt, sodass beispielsweise General Montgomery, der im August 1942 die 8. Armee übernahm, seinen Männern gleich zu Beginn einschärfte, dass auch der Wüstenfuchs nicht unfehlbar sei. Die eigenen Männer folgten Rommel in absoluter Loyalität. Im Afrikakorps gedient zu haben - das hieß und heißt für viele immer noch, an einem »sauberen« Krieg teilgenommen zu haben, der frei war von Greueltaten, wie sie an der Ostfront nicht selten vorkamen. Wenngleich die Unterstützung, die Rommel von Seiten der Italiener zuteil wurde, nicht überwältigend war - die italienischen Infanteristen blieben bei seinen blitzschnellen Manövern oft auf der Strecke -, so berichteten jene Mitglieder der Wehrmacht, die in Nordafrika dienten, doch zumeist mit einigem Stolz über ihre Erfolge. Doch selbst Rommel konnte den Sieg letzten Endes nicht erringen. Er näherte sich im Juli 1942 Alexandria bis auf rund 90 km, doch mit Montgomery hatten die Briten einen General, der Rommels Geschick etwas Gleichwertiges entgegenzusetzen wusste. Es gelang ihm, Rommels Truppen bei Alam Halfa so weit einzuengen, dass sie nicht ihre gewohnte strategische Stärke ausspielen konnten, und als er dann im Oktober zum großen Schlag ausholte, tat er dies im vollen Bewusstsein des Treibstoff- und Ersatzteilmangels, an dem der Feind zu leiden hatte. Außerdem konnte in diesem Fall Rommel nicht wie früher so oft nach Süden zur Wüste hin ausweichen, da sich die Alamein-Linie auf der Kattara-Senke befand, einem besonders zerklüfteten Gebiet, das so gut wie unpassierbar war.

Montgomerys Strategie mag vielleicht nicht aus so brillanten, zügig durchgeführten Operationen bestanden haben, wie sie für Rommels Kriegführung so typisch waren, doch immerhin war er klug genug, zu erkennen, dass Rommels bevorzugte Strategie im reinen Stellungskrieg nicht von Vorteil war. Er schaffte es, dem Afrikakorps einen Zermürbungskrieg aufzuzwingen, wodurch die 8. Armee ihre Stärke voll zum Tragen bringen und Rommels

Unten: Eine gut getarnte 7,5-cm-Panzerjägerkanone 40 wartet an der Straße nach Tunis auf das Eintreffen von alliierten Panzertruppen (April 1943). Das Kriegsgeschehen spielt sich nun nicht mehr in Wüstenlandschaften wie jenen der Cyrenaika oder Ägyptens ab, wie man an den Bergen und Bäumen im Hintergrund erkennen kann.

Rechts: Dieses Bild aus dem Jahr 1942 zeigt eine 3,7-cm-Flak 36 auf einem Zugkraftwagen SdKfz 7/2, die den Hafen von Tunis gegen alliierte Luftangriffe verteidigen soll. Der Hafen - als Verbindung nach Europa natürlich von besonderer Bedeutung - war gegen Luftangriffe sehr schwer zu schützen. Nachdem noch keine Schäden durch solche Angriffe zu erkennen sind, stehen die schweren Bombenangriffe wohl noch bevor.

Links: Diese Aufnahme von 1943 zeigt eine Kolonne von Sturmgeschützen des Typs IV in den Straßen Neapels vor der Überstellung nach Tunesien. Das StuG IV - auf dem Fahrgestell eines PzKpfw IV ruhend - war mit einer durchschlagskräftigen 7,5-cm-Kanone ausgestattet und außer der herkömmlichen Stahlpanzerung durch eine 15 cm dicke Betonschicht geschützt.

Unten: Soldaten des Afrikakorps kümmern sich um ihr Gepäck, nachdem sie an Bord eines Ju-52-Transportflugzeuges auf dem Flughafen Tunis gelandet sind. Von diesem Flughafen aus wurden gegen Ende des Krieges in Tunesien Truppen nach Sizilien evakuiert.

Schwächen entschlossen nutzen konnte. Die gleichzeitige Landung von über 100.000 britischen bzw. amerikanischen Soldaten in Nordwestafrika - diese *Operation Torch* begann am 8. November 1942 - verschlimmerte Rommels Lage weiter, da er nun mit Angriffen von West und Ost rechnen musste. Dass ihm unter diesen Umständen noch ein gekonnt durchgeführter Rückzug von El Alamein nach Tunesien gelang, wo er mit Wehrmachtseinheiten zusammentraf, welche Hitler als Antwort auf *Operation Torch* geschickt hatte, änderte nichts an der Tatsache, dass sein Unternehmen schließlich mit einer Niederlage endete.

Rommel musste die Kapitulation in Tunis nicht mehr mitansehen. Im Anschluss an einen erfolgreichen Kampf gegen unerfahrene amerikanische Einheiten im Februar 1943 am Kasserine-Pass, wo das II. US-Korps 300 Gefallene, 3000 Verwundete und fast ebensoviele in Gefangenschaft geratene Soldaten zu verzeichnen hatte, kehrte der erkrankte Rommel zu einem Kuraufenthalt nach Deutschland zurück. Als nach zähen Kämpfen in den Gebirgsregionen Tunesiens die Überreste des Afrikakorps in Gefangenschaft gingen, verloren die Deutschen einen ihrer erfahrensten und kampferprobtesten Truppenverbände überhaupt.

KAPITEL 5

UNTERNEHMEN BARBAROSSA

Am 22. Juni 1941 begann Hitler den größten Feldzug, der uns aus der Geschichte bekannt ist. Doch der Einmarsch in die Sowjetunion, der mit so hohen Erwartungen begonnen wurde, entwickelte sich bald zu einem wahren Alptraum für Millionen deutscher Soldaten.

Links: General Heinz Guderian (1888 bis 1954). Im Juni 1941 führte er die Panzergruppe 2 in Russland, die zur Heeresgruppe Mitte gehörte.

Oben: Soldaten der Infanterie überqueren den Bug und überschreiten damit die Demarkationslinie zwischen der deutschen und der sowjetischen Besatzungszone in Polen.

Am 18. Dezember 1940 erging Hitlers Weisung für *Unternehmen Barbarossa,* den Einmarsch in die Sowjetunion. Die Heeresgruppe Nord unter Feldmarschall Ritter von Leeb, bestehend aus drei Panzer-, zwei motorisierten und 24 Infanteriedivisionen, sollte von Ostpreußen aus in die baltischen Staaten Litauen, Lettland und Estland vordringen, ehe sie bei Leningrad mit finnischen Truppen zusammentreffen würde. Heeresgruppe Mitte unter Feldmarschall Fedor v. Bock, die sich aus einer Kavallerie-, neun Panzer-, sechs motorisierten und 33 Infanteriedivisionen zusammensetzte, sollte ostwärts Richtung Moskau vordringen, jedoch nach der Einnahme von Smolensk innehalten und auf weitere Befehle warten. Heeresgruppe Süd unter Feldmarschall Gerd von Rundstedt, bestehend aus fünf Panzer-, drei motorisierten und 34 Infanteriedivisionen sowie rumänischen Truppenverbänden, sollte über die Ukraine bis Rostow gelangen.

Barbarossa war ein wahrhaft gigantisches Unterfangen; das Aufgebot umfaßte nicht weniger als drei Millionen Soldaten, 600.000 Fahrzeuge, 3580 Panzer in 17 Panzerdivisionen sowie 7184 Geschütze, unterstützt von 1830 Maschinen der Luftwaffe. Die »Startlinie« erstreckte sich über 1500 km vom Baltikum bis zum

Rechts: Die Strapazen des Krieges sind diesen mit einem Maschinengewehr (MG 34) bewaffneten Infanteristen bereits anzusehen, als sie Ende Juni 1941 zum nächsten Schritt im Russlandfeldzug aufbrechen. Zu diesem Zeitpunkt sind die Panzer bereits weit voraus, sodass eine gefährliche Lücke zwischen diesen Angriffsspitzen und der nachfolgenden Infanterie entstanden ist.

Unten: Auf diesem Bild vom 22. Juni 1941 sehen wir einen deutschen Soldaten, der sowjetische Kriegsgefangene aus ihren bescheidenen Hütten holt. Die Überlebenschancen dieser Gefangenen sind gering: wenn man sie verdächtigt, Volkskommissare zu sein, werden sie wahrscheinlich erschossen; als einfache Soldaten erwartet sie hingegen harte Zwangsarbeit.

Schwarzen Meer; bis zu 1100 km sollte die Operation in sowjetisches Land hineinführen. Der Beginn war für den 22. Juni festgesetzt, womit weniger als vier Monate bis zum Einsetzen der berüchtigten Herbstregenfälle blieben.

Die Rote Armee vor »Barbarossa«

Trotz der ideologischen Differenzen zwischen Nazideutschland und der Sowjetunion, die eine bewaffnete Auseinandersetzung von vornherein fast unausweichlich erscheinen ließen, kam der deutsche Überfall am 22. Juni für Stalin doch unerwartet. Durch den Nichtangriffspakt, den er mit Hitler im August 1939 unterzeichnet hatte, in Sicherheit gewiegt und außerdem mit internen Problemen beschäftigt, hatte er kaum nennenswerte Vorbereitungen für einen Krieg getroffen. Die »Rote-Arbeiter-und-Bauern-Armee« war zwar auf dem Papier ungemein stark - so umfasste das sowjetische Heer, das zum Großteil in den Grenzgebieten konzentriert war, im Jahr 1941 nicht weniger als 151 Infanteriedivisionen, 32 Kavalleriedivisionen und 38 mechanisierte Brigaden, die mit über 12.000 Panzerkampfwagen ausgerüstet waren -, durch eine Reihe von politisch motivierten Säuberungsaktionen in den späten Dreißigerjahren war diese Streitmacht jedoch deutlich geschwächt worden.

Dadurch hatte die Rote Armee viele ihrer höheren Offiziere verloren, wobei jene, die nicht den Säuberungen zum Opfer gefallen waren, keinerlei Initiative mehr zeigten - aus Angst, ebenfalls Stalins Misstrauen zu erregen. Dazu kam, dass das Gros der Soldaten weder besonders gut ausgebildet noch allzu motiviert war. Die Rote Armee war somit weitaus anfälliger für einen blitzkriegartigen Angriff, der den Zusammenhalt der Streitkräfte auflöste, als für einen konventionellen Zermürbungskrieg. Zu Beginn des Feldzuges erzielten die Deutschen deshalb auch ganz

Oben: Dieses Bild aus dem Sommer 1941 zeigt eine Gruppe von Infanteristen, vom Feldwebel (Mitte) angeführt, die vorsichtig durch landwirtschaftlich genutztes Gelände in der Ukraine vordringen. Die meisten der Soldaten haben ihre Helme mit Riemen versehen, an denen Zweige zu Tarnzwecken angebracht werden können.

Unten: Vor dem Hintergrund eines brennenden Dorfes stürmen deutsche Infanteristen vorwärts, um neue Stellungen zu sichern - und zwar, bevor der Feind Zeit findet, sich von dem Schock des blitzartigen Angriffs zu erholen. Dieses Bild, das im Juni 1941 bei Brest-Litowsk entstanden ist, zeigt Soldaten, die Guderians Panzergruppe 2 unterstellt sind.

Oben: Eine Gruppe von MG-Schützen bezieht neue Stellungen in einem russischen Dorf. Die Scheune wurde nicht unbedingt von den vordringenden Deutschen, sondern möglicherweise von den Sowjets selbst in Brand gesteckt, da es nämlich eine von Stalin befohlene Taktik war, dem Feind nichts in die Hände fallen zu lassen, was diesem in irgendeiner Form nützen könnte. Die Aufnahme stammt aus dem Herbst 1941.

Rechts: Deutsche Infanterie marschiert Anfang Juli 1941 in Minsk ein. Da an den Gebäuden keinerlei Schäden zu erkennen sind, dürfte es kaum Kämpfe gegeben haben. Die Stadt ist von deutschen Panzertruppen eingekesselt - in der Stadt selbst steht den Soldaten jedoch noch so mancher Kampf bevor.

außerordentliche Erfolge. Im Norden erreichte die Panzergruppe 4 unter Generaloberst Erich Hoepner schon am 26. Juni die Ufer der Dwina, sodass am 14. Juli seine Panzerspitzen nur noch 80 km von Leningrad entfernt waren. Weiter südlich errangen Panzergruppe 3 unter General Hermann Hoth sowie Panzergruppe 2 unter General Heinz Guderian mit ersten Kesselschlachten große Erfolge; so drang Guderian in den ersten sieben Tagen der Offensive nicht weniger als 430 km vor, wobei er die 10. Armee der Sowjets einkesseln konnte und am 29. Juni vor Minsk stand. Insgesamt brachten diese Vorstöße mehr als 200.000 sowjetische Kriegsgefangene. Am 16. Juli hatte Guderian auch Smolensk eingenommen und schien bereit für den Sturm auf Moskau. Währenddessen waren im Süden von Rundstedts Verbände tief in die Ukraine vorgedrungen.

Doch mittlerweile traten bereits erste Schwierigkeiten zutage; die Infanterie war nicht in der Lage, das Tempo der Panzerdivisionen mitzuhalten - ein Problem, das durch die im Zuge der Panzerangriffe vielfach zerstörten Straßennetze noch verstärkt wurde. So marschierten die Infanterieeinheiten, die Guderians Panzergruppe zugeordnet waren, Ende Juli bereits etwa zwei Wochen hinterher, was schon deshalb problematisch war, weil es eine der Aufgaben der Infanterie war, die große Zahl der Kriegsgefangenen in Gewahrsam zu nehmen und die Territorialgewinne abzusichern.

Das Nachschubproblem

Was allerdings noch schwerer wog, war die Tatsache, dass kein funktionierendes Netz von Nachschubwegen hergestellt werden konnte. Das russische Straßennetz war schlecht ausgebaut und bald gänzlich unbenutzbar. Außerdem war die Spurweite des Eisenbahnnetzes größer, als dies im übrigen Europa üblich war, wodurch man gezwungen war, entweder die Güter an den Grenzen umzuladen oder das gesamte Schienennetz umzubauen.

Rechts: Die rauhe Wirklichkeit des Russlandfeldzuges im Sommer 1941: Dieser deutschen Infanteriekolonne mit einem zur Flugzeugabwehr dienenden Inf.-Fla-Wagen mit einem Doppel-MG an der Spitze sind die Strapazen deutlich anzusehen. Viele der Soldaten versuchen sich mit Tüchern vor der sengenden Sonne zu schützen.

Links: Zwei 3,7-cm-Panzerjägerkanonen 35/36 decken das Vordringen der Infanterie in einer Stadt in Westrussland. Die Tatsache, dass die Paks völlig ungedeckt sind und die Bedienungsmannschaften keinen allzu angespannten Eindruck machen, lässt darauf schließen, dass wenig Widerstand erwartet wird. An der Hausmauer sind Munitionskisten abgestellt. Die Aufnahme stammt aus dem Jahr 1941.

Oben: Kradschützen halten für eine rasche Mahlzeit inne, wobei das baumbestandene Gelände Schutz bietet. Das eingekreiste Kreuz auf dem Kotflügel der BMW-R12-Maschine lässt erkennen, dass es sich um Soldaten der 3. Panzerdivision handelt, die beim *Unternehmen Barbarossa* zur Heeresgruppe Mitte gehörte.

Zudem zielte Stalins »Politik der verbrannten Erde« darauf ab, unter allen Umständen zu verhindern, dass den Eindringlingen irgend etwas in die Hände fiel, was ihnen von Nutzen sein konnte.

Erschwerend war natürlich auch die Beschaffenheit des Geländes; so kamen von Leebs Truppen in den weiten Waldgebieten des Baltikums nur sehr mühevoll voran. Die Heeresgruppen Mitte und Süd wiederum mussten die gänzlich unpassierbaren Pripjet-Sümpfe umgehen. Im Süden standen von Rundstedts Einheiten vor den unermesslichen Weiten der Steppe. So kam es schließlich, das jene Teile der Roten Armee, die den ersten Ansturm der Deutschen überstanden hatten, sich neu formieren konnten, wie beispielsweise die 5. Armee an den südlichen Ausläufern der Pripjet-Sümpfe, die sich nicht nur das schwierige Gelände zunutze machen konnte, sondern die Deutschen auch mit dem neuen T-34-Panzer überraschte, der mit seiner besonders wirkungsvollen 7,6-cm-Kanone den deutschen Panzern jener Zeit mehr als ebenbürtig war.

All diese Schwierigkeiten verlangsamten den Vormarsch der

Rechts: Panzergrenadiere, die in ihrem Halbkettenfahrzeug in einem sowjetischen Dorf angekommen sind, mit zwei sowjetischen Gefangenen, die nicht allzu besorgt über ihre missliche Lage dreinblicken. Dieses Bild, das angeblich im Laufe von *Unternehmen Barbarossa* aufgenommen wurde, könnte zu Propagandazwecken gestellt worden sein.

Unten: Deutsche Infanteristen lassen sich während des Vormarsches auf Moskau im Sommer 1941 ein Stück des Weges mitnehmen. Die staubige Straße wird sich bald in eine Schlammwüste verwandeln, sobald der Herbstregen einsetzt. Mit Hilfe dieses Fahrzeuges werden Feldtelefonleitungen verlegt - ein unerlässliches Hilfsmittel für das weitere Vordringen der Armee.

Links: Dieses Bild aus dem Jahr 1941 zeigt einen MG-Schützen, der mit seinem MG 34 und einem Munitionsgurt (Kaliber 7,92 mm) an dem Marsch auf Moskau im Jahr 1941 teilnimmt. An der Kleidung des Soldaten - Mantel und Handschuhe - lässt sich erkennen, dass die herbstliche Regenzeit bereits begonnen hat - doch es sollte noch um einiges schlimmer kommen.

Oben rechts: Irgend etwas scheint die Aufmerksamkeit dieser Infanteristen geweckt zu haben, die einen Kleinen Panzerfunkwagen (SdKfz 261) als Funkstation benützen. Der rechts sitzende Soldat trägt auf seinen Knien eine 9-mm-Maschinenpistole 40, fälschlicherweise oft als »Schmeisser« bezeichnet. Zur Flugzeugabwehr ist außerdem ein Maschinengewehr (MG 34) vorhanden.

Unten rechts: Deutsche Infanteristen bei einer Einsatzbesprechung im Sommer 1941, bevor sie in eine Stadt in der Ukraine vordringen. Zu diesem Zeitpunkt sind die Männer seit dem Beginn von *Unternehmen Barbarossa* schon über 300 km marschiert, sodass die Strapazen sich langsam bemerkbar zu machen beginnen - doch zum Rasten haben sie kaum Gelegenheit.

Oben: Ehe es Abend wird, errichtet diese Gruppe von Infanteristen eine Verteidigungsstellung, in deren Mittelpunkt das Maschinengewehr des Typs 34 steht, hier auf einem Dreibein fixiert. Das Bild wurde im September 1941 in Kiew aufgenommen. Die Vorbereitungen auf einen feindlichen Angriff lassen auf wachsenden sowjetischen Widerstand schließen.

Unten: Deutsche Truppen dringen im Herbst 1941 in eine bereits heftig beschossene russische Stadt ein. Ihre Mäntel lassen darauf schließen, dass die Wetterverhältnisse sich bereits verschlechtern. Die Tatsache, dass sie keine besondere Vorsicht walten lassen, muss darauf zurückzuführen sein, dass sie keinen nennenswerten Widerstand erwarten.

deutschen Armee, wodurch Stalin wertvolle Zeit gewann, um seine Streitkräfte neu zu formieren. Währenddessen traten bei den Deutschen immer gravierendere Meinungsverschiedenheiten über die weitere Strategie zu Tage. Die Generäle des OKH drängten immer noch auf einen konzentrierten Vorstoß nach Moskau, das bereits verlockend nahe war, doch Hitler bestand weiterhin darauf, zuerst die sowjetische Armee auf dem Schlachtfeld zu zerstören. Am 19. Juli gab er eine neue Weisung aus, die den Verlauf des gesamten Feldzuges ändern sollte. Hoths Panzer wurden nach Norden geschickt, wo sie an dem Sturm auf Leningrad teilnehmen sollten, während Guderian nach Süden abdrehen sollte, um sich von Rundstedts Truppen bei Kiew anzuschließen. Damit blieben der Heeresgruppe Mitte für das weitere Vordringen in Richtung Moskau nur noch Infanterieeinheiten übrig.

Eine derartig tiefgreifende Änderung der Strategie konnte natürlich nicht von einem Tag auf den anderen umgesetzt werden, sodass der nächste Schritt erst am 25. August unternommen wurde. Zu diesem Zeitpunkt waren die Probleme, die Hitler zu seiner strategischen Maßnahme bewogen hatten, jedoch bereits so gut wie erledigt; deutsche Einheiten hatten ohne die Unterstützung von Hoths Panzern Leningrad erreicht, während die Heeresgruppe Süd bereits am 3. August einen Durchbruch erzielen hatte können - doch die Wehrmacht hatte keine andere Wahl, als die Befehle des Führers zu befolgen.

Guderians Truppen stießen kaum auf nennenswerten Widerstand und drangen dementsprechend rasch vorwärts, sodass sie am 16. September bei Lochwitza, 190 km östlich von Kiew, mit von Rundstedts Truppen zusammentrafen. Auf diese Weise gelang es, die Verbände der sowjetischen Südwestfront einzukesseln, wodurch weitere 210.000 Sowjets in Kriegsgefangenschaft gerieten. Der Weg nach Osten war nun geebnet für ein Vordringen zum Asowschen Meer und der Halbinsel Krim.

Unten: Eine 2-cm-Fliegerabwehrkanone (Flak) 30 auf einem sechsrädrigen Krupp-Protz-Kfz 69 wird dazu eingesetzt, den Vorstoß nach Odessa im Jahr 1941 zu decken. Im Hintergrund ist ein Sturmgeschütz (StuG) III zu sehen, das - falls nötig - noch einsatzbereit ist.

Oben: Teile der Heeresgruppe Süd nähern sich im Sommer 1941 der Halbinsel Krim. Die Infanteristen im Vordergrund verwenden tschechische leichte Panzer des Typs PzKpfw 38 als behelfsmäßige Transportmittel, während im Hintergrund ein Panzer des Typs III an einer 5-cm-Panzerjägerkanone 38 vorüberrollt.

Unten: Die Bedienungsmannschaft eines Sturmgeschützes (StuG) III stockt ihre Munitionsvorräte für ihr 7,5-cm-Geschütz auf. Die Leuchte am linken Kotflügel soll gewährleisten, dass nachfolgende Fahrzeuge bei Nacht einen Sicherheitsabstand einhalten.

Oben: Infanteristen ziehen auf einem Panzer des Typs IV (Ausführung E) in den Kampf. Unter der 7,5-cm-Kanone befindet sich eine Antennenablenkvorrichtung, die dazu diente, die Funkantenne zur Seite zu biegen, wenn der Turm mit der Kanone gedreht wurde.

Unternehmen »Taifun« läuft an

Doch Hitler änderte seine Absichten erneut. Am 6. September gab er eine neue Weisung aus, in der er den erneuten Vorstoß gegen Moskau anordnete. Hoth und Guderian sollten von Norden bzw. Süden zu ihren ursprünglichen Marschlinien zurückkehren, sobald sie den Widerstand in ihren jeweiligen Gebieten »aus dem Weg geräumt« hatten. *Unternehmen Taifun* war als letzter großer Vorstoß für dieses Jahr gedacht. Zu diesem Zeitpunkt belagerten deutsche Truppen bereits Leningrad, während im Süden die Ukraine in deutscher Hand war; die Ausgangsposition für ein weiteres Vordringen schien also ausgezeichnet zu sein.

Doch die Gunst der Stunde war vorbei. Nach drei Monaten erbitterter Kämpfe, in denen Mensch und Maschine extremen Belastungen in drückender Hitze standhalten mussten, waren die Reserven nun erschöpft. Überdies war es nicht gelungen, das Schienennetz umzubauen, da in den Planungen keine Vorkehrungen zum Umbau bzw. zum Schutz des Eisenbahnnetzes gegen die sich häufenden Anschläge von Partisanen getroffen worden waren. Die Sicherstellung des Nachschubs wurde somit zu einem immer größeren Problem. Außerdem war es Stalin bis Ende September, als *Taifun* gestartet wurde, gelungen, seine Truppenreserven an den Zugangswegen nach Moskau zu konzentrieren und darüber hinaus auch den Kampfgeist seiner Leute zu heben, indem er weniger an ihre kommunistische Gesinnung als vielmehr an ihren Patriotismus als Russen appellierte. Und obwohl die Deutschen bis Mitte Oktober mit der Eroberung von Orel sowie den Kesselschlachten von Brjansk und Wjasma, wo man 663.000 Gefangene machte, noch einige Erfolge feiern konnten, war das Unternehmen doch von Beginn an zum Scheitern verurteilt. Unter der Leitung von General Georgi Schukow wurden die Einwohner Moskaus mobilisiert, um Panzerabwehrgräben auszuheben, wäh-

Oben: Im November 1941 machte sich bereits der Winter bemerkbar. Diese Infanteristen, die bereits mit dem ersten Schnee Bekanntschaft gemacht haben, leiden deshalb unter der Kälte, weil sie nur mit den herkömmlichen Uniformen ausgerüstet sind; deshalb versuchen die Männer, sich mit Ohrenschützern oder Schals gegen die Kälte zu schützen.

rend aus Sibirien bzw. aus dem Fernen Osten Elitetruppen herangezogen wurden. All das bremste den deutschen Vormarsch entscheidend, bis schließlich Russlands traditioneller Retter in höchster Not, »General Winter«, seine Wirkung entfalten konnte.

Ende Oktober begann das Wetter umzuschlagen. Heftige, nicht enden wollende Regenfälle setzten ein, die die Straßen - oder was davon noch übrig war - in eine einzige Schlammwüste verwandelten. Von einem Tag auf den anderen kamen die deutschen Truppen in dem Morast zum Stillstand, während die Sowjets, denen diese Bedingungen vertraut waren, sich eine gewisse Mobilität erhalten konnten. Der Nachschub kam völlig zum Erliegen, und die Soldaten waren nun vor allem damit beschäftigt, ihre Fahrzeuge aus dem Schlamm auszugraben.

Die Lage besserte sich am 6./7. November, als der Schlamm durch den plötzlich einsetzenden Frost gefror - doch dieser Vorteil war nur von kurzer Dauer. Guderian gelang es, sich von Süden her näher an Moskau heranzuschieben, und einzelne Truppenteile der Wehrmacht drangen bis in die Randbezirke der Stadt vor - doch als schließlich die Schneefälle einsetzten, kam *Unternehmen Taifun* endgültig zum Stillstand. Die Temperaturen sanken in manchen Gegenden bis auf 40 Grad unter den Gefrierpunkt, sodass das Öl in den Motoren gefror und die Schlösser der Maschinengewehre sich verklemmten. Die Soldaten waren für diese Bedingungen nicht gerüstet, und so litten viele von ihnen an Erfrierungen, wobei die Erschöpfung nach dem langen, ermüdenden Feldzug ein Übriges tat.

Oben: Für den Großteil der deutschen Soldaten war der Einmarsch in Russland im Jahr 1941 mit großer Mühsal verbunden. Obwohl das Zeitalter der mechanisierten Kriegführung längst angebrochen war, griff man nach wie vor großteils auf Pferde als Transportmittel zurück, was ein rasches Weiterkommen unmöglich machte. Als dann im Oktober die herbstlichen Regenfälle einsetzten, wurde das Los der Infanteristen noch schwerer.

Anfang Dezember war der deutsche Ansturm zum Erliegen gekommen. Schukow hatte sehr wohl erkannt, dass der Feind dem Zusammenbruch nahe war. Mit Hilfe der über 30 Divisionen aus Sibirien, die an solche rauhen Bedingungen gewöhnt waren, plante er einen Gegenangriff nördlich und südlich von Moskau, wo die deutschen Frontstellungen am verwundbarsten waren. Als die deutschen Angriffe schließlich abebbten, schlug Schukow zu. Am 5. und 6. Dezember attackierten über eine halbe Million sowjetischer Soldaten an einer 950 km langen Front von Leningrad bis Kursk. Wie aus dem Nichts tauchten sie plötzlich aus dem Winternebel auf und trafen den geschwächten Feind völlig unvorbereitet. Die deutschen Einheiten fielen auseinander, und Hitler hatte keine andere Wahl, als den Rückzug auf gesicherte Verteidigungsstellungen zu erlauben, die bis zu 325 km westlich von jenen Stellungen lagen, welche man bereits innegehabt hatte.

Rechts: Vielen deutschen Soldaten, vor allem jenen, die in Südrussland eingesetzt waren, wird vor allem eine Erinnerung an *Unternehmen Barbarossa* unauslöschlich im Gedächtnis verankert geblieben sein - die endlosen Weiten des russischen Steppenlandes. Diese Gruppe von Infanteristen rastet unter einem der wenigen Bäume in diesem Gebiet, ehe sie durch die kahle Landschaft weitermarschieren. Hinzu kam noch, dass es nun immer kälter zu werden begann.

Oben: Der Eisenbahnpanzerzug, wie er auf diesem Bild zu sehen ist, wurde vor allem als Antwort auf die zunehmenden Partisanenangriffe entwickelt. Dieser EisbPzZug enthielt ein 7,62-cm-Geschütz sowie eine 2-cm-Flak-Vierling 38.

Links: Als der Winter 1941 hereinbricht und die deutschen Soldaten ohne entsprechende Winterkleidung auskommen müssen, muss man sich mit Notmaßnahmen behelfen. Die Soldaten auf diesem Bild tragen Schneetarnanzüge, die aus Leintüchern angefertigt sind.

Rechts: Als sich die Sowjets von dem anfänglichen Schock erholten, den der deutsche Einmarsch ihnen versetzt hatte, bekamen die deutschen Soldaten zunehmend die Durchschlagskraft der russischen Artillerie zu spüren. Ein Mittel dagegen war es, schützende Gräben auszuheben, wann immer der Vormarsch gestoppt werden musste.

Die Schuld für diesen Misserfolg gab Hitler seinen Generälen. Am 19. Dezember entließ er Generalfeldmarschall von Brauchitsch und übernahm an seiner Stelle den Oberbefehl des Heeres - ein weiterer Schritt in der von Hitler seit 1934 verfolgten Nazifizierung der Wehrmacht. Nur fünf Tage später verfügte er die Ablösung von Heinz Guderian zusammen mit den Befehlshabern der Heeresgruppen Nord und Mitte. Danach sollte Hitler selbst mehr und mehr die Initiative an der Ostfront an sich reißen, d. h., er übernahm auch dort das Kommando, wo eigentlich die einzelnen Befehlshaber aus ihrer genauen Kenntnis der Lage heraus über das jeweilige Vorgehen hätten entscheiden sollen. Dadurch gab es kaum mehr Möglichkeiten, Eigeninitiative zu entwickeln, wodurch die Wehrmacht insgesamt an Beweglichkeit einbüßte und in ihrer Operationsweise mehr einem konventionellen Stellungskrieg zuneigte.

Oben: Angeführt von ihren Offizieren kämpfen sich deutsche Truppen während des besonders kalten Winters 1941/42 über die schneebedeckte Ödnis. Pferde erwiesen sich zwar für die Bedingungen an der Ostfront als durchaus geeignet, doch auch ihnen wurde letztlich die bittere Kälte zum Verhängnis; tausende Tiere kamen um (oder wurden aus Nahrungsmangel geschlachtet).

Oben: Panzerspähwagen, angeführt von einem Sturmgeschütz des Typs III, dringen im Dezember 1941 in ein russisches Dorf ein. Das Bild wirkt durchaus malerisch, doch die Wirklichkeit war äußerst rau, wie man an den Soldaten erkennen kann, die sich mit allen Mitteln gegen die Kälte zu schützen versuchen.

Links: Diese beiden Kradmelder trotzen der Kälte, die im Winter 1941 an der Ostfront herrschte. Alle nur erdenklichen Mittel, um sich warm zu halten, wurden eingesetzt - Betttücher ebenso wie Mäntel sowie von den Russen erbeutete wollene Kopfschützer; doch man konnte der Kälte nicht entkommen.

Währenddessen setzte Schukow auf Drängen Stalins seine Angriffe fort, wenngleich er die großen Erfolge der ersten Tage seines Gegenangriffs nicht wiederholen konnte. Im weiteren Verlauf des Winters versuchten beide Seiten nach Kräften, ihre Stellungen zu sichern, wobei man einander nicht selten im Nahkampf, mit Messern bewaffnet, gegenüberstand - und das unter Bedingungen, wie sie härter nicht sein konnten. Am besten kommt der ganze Alptraum an der Ostfront in jener Auszeichnung zum Ausdruck, die den überlebenden deutschen Soldaten zuteil wurde und die gemeinhin als »Gefrierfleischorden« bekannt war.

Der Blitzkrieg misslingt

Das Scheitern von *Unternehmen Barbarossa* stellte einen Wendepunkt für die Wehrmacht und das Dritte Reich insgesamt dar. Vorbei waren die Tage der blitzartigen Angriffe, die nach kürzester Zeit den Sieg gebracht hatten. Stattdessen sahen sich die deutschen Soldaten nun einem schier endlosen Feldzug gegenüber, der unter unvorstellbaren Bedingungen vor sich ging und in dem man einem Feind gegenüberstand, der immer stärker und stärker wurde. Die Verluste während des ersten Jahres beliefen sich auf unfassbare 700.000 Mann, von denen nicht wenige der Kälte des russischen Winters zum Opfer gefallen waren, und auch die Ausrüstung war den Belastungen kaum gewachsen, sodass die deutsche Industrie den Bedarf nicht annähernd decken konnte.

Hitler hatte, ohne sich der Konsequenzen bewusst zu sein, seinen Streitkräften und seinem Land einen totalen Krieg aufgezwungen, der nur zwei Möglichkeiten offen ließ: vollständigen Sieg oder völligen Untergang. Die Ereignisse an der Ostfront im Jahr 1941 ließen schon erkennen, wie groß die Schwierigkeiten waren, denen die deutsche Armee gegenüberstand, und obwohl noch einige Siege folgen sollten, begann sich für all jene, die die Lage nüchtern betrachteten, schon damals abzuzeichnen, wie es tatsächlich stand.

Das Scheitern von *Barbarossa* fiel mit der Ausweitung des Krieges auf den gesamten Erdball zusammen. Am 7. Dezember 1941 starteten die Japaner bei Pearl Harbor einen Überfall auf die amerikanische Pazifikflotte, worauf Hitler sechs Tage später aus Solidarität mit seinen japanischen Verbündeten den Vereinigten Staaten den Krieg erklärte - anscheinend ohne darüber nachzudenken, welchen Giganten er damit aus dem Schlaf erweckte - waren die USA doch, wie man bald sah, in der Lage, mehr Waffen zu produzieren als die gesamte restliche Welt zusammen.

54
518

K A P I T E L 6

DER KRIEG AN DER OSTFRONT

In den endlosen Weiten der westlichen Sowjetunion erlebte die Wehrmacht einen wahren Alptraum. Sowohl das Gelände als auch die bislang ungewohnte Art der Kriegführung machte den Soldaten zu schaffen - und nicht zu vergessen der grimmigste aller Feinde: der Winter.

Links: Dieser Kradmelder ist für den ständigen Kampf gegen die Kälte wenigstens mit pelzgefütterter Kleidung ausgerüstet.

Oben: Deutsche Panzerabwehrstellung im Winter 1942. Bei der Waffe handelt es sich um eine 7,5-cm-Panzerjägerkanone 97/38.

Die drei Millionen deutschen Soldaten, die in den Jahren 1941/42 an der Ostfront kämpften, erlebten einen wahren Alptraum. Der Schauplatz dieses Krieges war völlig anders als alles, was sie bisher erlebt hatten - noch dazu stellte sich bald heraus, dass dieser Feldzug nicht in wenigen Wochen vorüber sein würde und dass hier eine ganz andere Art der Kriegführung gefordert war. Vorbei waren die Tage der blitzartig erkämpften Siege, denen stets einige Wochen Urlaub oder leichtere Pflichten in den besetzten Gebieten folgten. Hier hatte man sich auf einen langen, erbitterten Kampf auf Leben und Tod einzustellen.

Die Ursache für all das lag wohl ganz einfach darin, dass Hitler die Sowjetunion völlig falsch eingeschätzt hatte. Besessen von

Links: In manchen Bereichen der Ostfront mußte die deutsche Armee vor allem im Winter auf jahrhundertealte Transportmittel zurückgreifen. Auf diesem Bild sind es Maultiere, die von Soldaten einer Gebirgsdivision eingesetzt werden, um Nahrungsmittel und Munition über einen schneebedeckten russischen Gebirgspass zu transportieren. Das Bild stammt aus dem Jahr 1942.

Rechts: Soldaten einer Pak-Bedienungsmannschaft gehen in Deckung, als eine sowjetische Geschützgranate in der Nähe ihrer recht ungeschützten Stellung einschlägt. Trotz der weißen Tarnfarbe, mit der die Kanone bemalt ist, hat der Feind die Pak-Stellung offensichtlich entdeckt.

Rechts: Deutsche Pioniere schicken ein ferngesteuertes Fahrzeug, den sogenannten Goliath, in Richtung eines Hindernisses los. Der Goliath wurde in der Regel von einem Elektromotor betrieben und enthielt eine Sprengladung von 83 kg sowie eine 2000-m-Kabeltrommel. Hatte man ihn in die gewünschte Position gebracht, so wurde er gezündet, um auf diese Weise das Hindernis aus dem Weg zu räumen.

Rechts: Zwei Soldaten einer Panzermannschaft kontrollieren die Patronengurte ihrer Maschinengewehre. Wären die Gurte nämlich mit Schnee bedeckt oder vereist, so könnten sie bewirken, dass die Waffe klemmt.

dem Gedanken, den Kommunismus ein für alle Mal ausradieren zu müssen, glaubte er, dass er lediglich angreifen müsse, damit das »ganze verrottete Gebäude« des Sowjetsystems in sich zusammenfallen würde. Bis zu einem gewissen Grad war diese Überlegung sogar berechtigt - immerhin hatte Stalins Diktatur wiederholt zu Spannungen in der Bevölkerung geführt, vor allem in jenen Gebieten Westrusslands, welche die ersten Ziele von *Unternehmen Barbarossa* waren.

Was Hitler jedoch nicht bedachte, war die Zähigkeit der sowjetischen Soldaten, aber auch ihre Furcht vor den Machthabern und vor allem ihre Liebe zu Mütterchen Russland. Nachdem Stalin erkannt hatte, dass Patriotismus ein weitaus stärkerer Antrieb für seine Männer war als die kommunistische Gesinnung, konnte er im Kampf gegen den Feind schier unerschöpfliche Reserven aufbieten. Wenn die Invasionsarmee der Deutschen in der Lage gewesen wäre, Moskau oder Leningrad einzunehmen, wäre unter Umständen manches anders gekommen - doch in einem Punkt täuschte sich Hitler nicht: es kam nicht so sehr darauf an, bestimmte Orte oder Gebiete zu erobern, sondern den Kampfwillen der Roten Armee zu brechen.

Hitlers Optimismus, was den Erfolg von *Unternehmen Barba-*

Oben: Russland, 1942: Soldaten der Infanterie mit offensichtlichem Nachholbedarf an Schlaf. Die ungeheuren Entfernungen, welche die Soldaten großteils zu Fuß zurückzulegen hatten, waren mit großen Strapazen verbunden, sodass man jede Gelegenheit wahrnahm, um sich auszuruhen.

Links: Ein Unteroffizier der Infanterie vergewissert sich über die Route, die er mit seinen Männern einzuschlagen hat. Der Blick dieses Soldaten verrät einige Erfahrung - es ist bereits sein zweites Jahr an der Ostfront. Das Bild wurde 1942 in Südrussland aufgenommen.

Rechts: Die Bajonette auf die Mauser Kar 98k-Gewehre aufgepflanzt, durchsucht eine deutsche Patrouille ein Haus. Dieses Bild aus dem Jahr 1942 wurde wahrscheinlich nicht an der Front aufgenommen, sondern während der Jagd auf sowjetische Partisanen, die eine der Aufgaben der deutschen Sicherungsverbände darstellte.

rossa betraf, übertrug sich im Juni 1941 noch auf den rangniedrigsten Soldaten, sodass man mit dem Bewusstsein losmarschierte, dass der ganze Feldzug eine Angelegenheit von wenigen Wochen sein würde.

Fast unmittelbar war man jedoch mit einer völlig neuen Umgebung konfrontiert. Was vielen deutschen Soldaten als erstes auffiel, war die Armut, in der viele Bauern in ihren armseligen Hütten lebten und eine eher primitive Form der Landwirtschaft betrieben. Diese Situation war weiter im Osten wohl noch drastischer, aber verglichen mit dem, was man kannte, mussten den deutschen Soldaten die Verhältnisse im Sowjetimperium schon beim Überschreiten der Grenze äußerst ärmlich erscheinen. Nur wenige wa-

Oben: Dieser Unteroffizier entspannt sich beim Rauchen seiner Pfeife, bevor er mit seinen Männern in ein Dorf in Südrussland vordringt (1942). Diese Einheit gehörte zur 6. Armee von General Paulus, die in Richtung Stalingrad marschierte. Dem Soldaten war es gewiss nicht mehr allzu oft vergönnt, seine Pfeife zu genießen.

Links: Sommer 1942: Dieser Unteroffizier der Infanterie, mit einer 9-mm-Maschinenpistole 40 bewaffnet, schickt sich gerade an, seine Männer vorwärtszuschicken, nachdem er an der Ecke des Gebäudes nach Feinden Ausschau gehalten hat.

ren der russischen Sprache mächtig, sodass eine Verständigung mit der Bevölkerung so gut wie gar nicht möglich war; dadurch konnte sich die weitverbreitete Ansicht festsetzen, dass dieses Bauernvolk nicht nur unterdrückt, sondern noch dazu von geringer Intelligenz sei.

Dieses Vorurteil vertrug sich ausgezeichnet mit der von den Nationalsozialisten verbreiteten Propagandabotschaft, dass die slawischen Völker generell Untermenschen seien, die für die Deutschen allenfalls als Sklaven zu gebrauchen wären. Diese Ansicht hatte aber zur Folge, dass man die ablehnende Haltung gegenüber dem Kommunismus, die einigen Völkern im westlichen Teil des Sowjetreiches, wie z. B. den Ukrainern, zu eigen war, gar nicht richtig wahrnahm und sie deshalb auch nicht für die eigenen Ziele einzusetzen verstand.

Außerdem gingen die deutschen Soldaten oft mit unbarmherzi-

Oben: Diese motorisierten Soldaten mit ihren typischen mit Gummi imprägnierten Mänteln antworten auf feindlichen Beschuss aus den Gebäuden im Hintergrund. Während der eine der Soldaten - er trägt den Mantel um die Beine festgeknöpft - das Feuer erwidert, verhalten sich seine Kameraden etwas vorsichtiger. Das Bild stammt aus dem Jahr 1942.

ger Härte gegen Bauern und Kriegsgefangene vor. Es war ein Befehl Hitlers, alle »bolschewistischen Juden« zu fassen und zu exekutieren, was viele Wehrmachtseinheiten, vor allem aber Vertreter der Waffen-SS zum Anlass nahmen, mit einer Menschenverachtung vorzugehen, die durchaus mit jener von Stalins Geheimpolizei zu vergleichen war. Diese Vorgangsweise konnte nur zur Folge haben, dass die Deutschen - anstatt als Verbündete - nur noch als Feinde gesehen werden konnten und die deutschen Soldaten selbst sich als »Fremde in einem fremden Land« fühlten, die bald nicht nur die sowjetische Armee, sondern im Zuge des wachsenden Partisanenkampfes auch die übrige Bevölkerung zum Gegner hatte. Rückblickend gesehen wäre den Deutschen mehr Menschlichkeit im Umgang mit der sowjetischen Bevölkerung nicht zuletzt auch selbst zugute gekommen. Doch nicht nur das Volk, das den deutschen Soldaten begegnete, erschien ihnen fremd; mindestens ebenso fremdartig wirkte auf sie die eigentümliche Landschaft - und das umso mehr, je tiefer sie in die Sowjetunion vordrangen. So wurden während der frühen Monate des Feldzuges die Wälder, Flüsse und sanften Grashügel vielleicht noch als recht malerisch empfunden, doch nach und nach begann

die schier endlose Weite Russlands an der Moral der Männer zu nagen.

Aus vielen Augenzeugenberichten geht hervor, dass der Dienst in der Ukraine besonders deprimierend gewesen sein muss - und dies nicht nur aufgrund der oft erbitterten Gefechte, sondern vor allem weil man tagelang das Land durchstreifen konnte, ohne dass sich die Landschaft auch nur im geringsten veränderte. In endloser Gleichförmigkeit zog sich die weite Steppe dahin - nur hie und da von kleinen Dörfern oder einzelnen Gehöften unterbrochen. Auf Soldaten, die die dichte Besiedelung des Westens gewohnt waren, musste dies wie das Ende der Welt wirken, wo es keine Zivilisation mehr gab. Zu diesem befremdlichen Eindruck trug auch das kaum vorhandene Straßennetz sowie die heiße, stauberfüllte Luft des russischen Sommers bei. Ihren Kameraden weiter im Norden waren die bedrohlich anmutenden Pripjet-Sümpfe sowie die dunklen Wälder des Baltikums um nichts weniger fremd.

All diese Schwierigkeiten verstärkten sich dramatisch, als im Oktober 1941 heftige Regenfälle einzusetzen begannen - und dies quasi über Nacht, sodass viele deutsche Einheiten völlig unvorbereitet getroffen wurden, als sich der Staub plötzlich in Schlamm verwandelte. Doch all das war nichts im Vergleich zu der Kälte des Winters, die wenige Wochen später hereinbrechen sollte. Fahrzeu-

Oben: Dieses 7,92-mm-Maschinengewehr 34 wurde in einer geschützten Position in Stellung gebracht (Russland, 1942). Die Waffe ruht auf einem speziellen Dreibein und ist für Dauerfeuer auch über große Entfernungen zur Unterstützung der Infanterie konzipiert.

Oben: Die Besatzung eines mittleren Schützenpanzerwagens (SdKfz) 251/7 verfolgt, wie Soldaten der Waffen-SS einen Baum aus dem Weg schaffen, der wahrscheinlich von Partisanen als Hindernis gefällt worden war. Dieser Schützenpanzerwagen hatte acht Mann Besatzung.

Rechts: Die Beobachtung des Feindes war von entscheidender Bedeutung, um über bevorstehende Angriffe Bescheid zu wissen und neue Stellungen zu suchen. Die Infanteristen auf diesem Bild haben auf dem Dach einer Bauernhütte einen idealen Beobachtungsstandort gefunden.

Links: Die Gefahr von Partisanenangriffen war an der Ostfront vor allem im Bereich der Nachhut stets allgegenwärtig - insbesondere in der Nähe der Bahnlinien, die ein lebensnotwendiges Bindeglied zwischen Deutschland und der Front darstellten. Alle Einheimischen, die in diesen Bereichen angetroffen wurden, mussten eingehende Kontrollen über sich ergehen lassen.

Rechts: Auch einfache Bauern - schockiert über die erbittert geführten Gefechte - wurden durch die Kriegshandlungen an der Ostfront in Mitleidenschaft gezogen. Dieser Einheimische muss Soldaten einer deutschen Patrouille in der Ukraine Auskunft geben; wie es scheint, ist er auch bereit dazu.

Rechts: Im Jahr 1943 ist die Lage der Deutschen an der Ostfront bereits äußerst kritisch. An vielen Punkten müssen sie vor den sowjetischen Streitkräften zurückweichen. Die beiden Infanteristen auf diesem Bild sind gerade dabei, sich aus einem Dorf bei Charkow zurückzuziehen. Sie tragen mit sich soviel sie können - vor allem Granaten und Munition.

ge, die im Schlamm steckengeblieben waren, froren nun im Boden fest - mitunter verwendete man sogar Dynamit, um sie freizubekommen. Die größte Auswirkung hatte die unerwartete Kälte jedoch auf die Soldaten selbst. Wenn die Kämpfe in diesem Stadium unterbrochen worden wären und die Deutschen sich in »Winterquartiere« zurückziehen hätten können, so wäre die Situation möglicherweise noch zu meistern gewesen; so aber schienen die Sowjets von der Kälte nicht so sehr beeinträchtigt, weshalb sie natürlich trachteten, diesen Vorteil so weit es ging auszunutzen.

Viele der deutschen Einheiten waren jedoch den Winter über wie gelähmt. Nicht wenige Soldaten verloren durch den Frost einzelne Gliedmaßen, manche erfroren buchstäblich auf ihren Wachposten. Die Fahrzeuge versagten genauso den Dienst wie ein Großteil der täglich benötigten Ausrüstung. Wie schwierig die Lage für den einfachen Soldaten gewesen sein muss, lässt sich auch daran ermessen, dass im Jahr 1941 kaum Winterkleidung vorhanden war - zum einen, weil man nicht damit gerechnet hatte, dass der Feldzug überhaupt so lange dauern würde, zum anderen aber auch, weil die Nachschubwege aus Deutschland höchst mangelhaft waren. Wer unter solchen Bedingungen überleben konnte, hatte seinen »Gefrierfleischorden« wahrlich verdient.

Und zu all dem kam natürlich noch der Krieg selbst. Von Beginn an wurde er mit beispielloser Härte und Unerbittlichkeit geführt. Wohl mag es auch in Polen oder an der Westfront manch harte Schlacht gegeben haben, doch diese Feldzüge waren sozusagen auf »zivilisierte Weise« vonstatten gegangen, d. h., es wurde akzeptiert, wenn feindliche Soldaten sich ergaben, außerdem wurden Verwundete versorgt usw. Es gab wohl Ausnahmen - so war

vor allem die Waffen-SS für ihr kaltblütiges Vorgehen berüchtigt, z. B. als sie Ende Mai 1940 britische Gefangene während des Vordringens auf Dünkirchen erschossen -, doch alles in allem wurden die Regeln der Kriegführung doch respektiert.

Im Osten war dies jedoch nicht der Fall. Hitlers berüchtigter »Kommissarbefehl« aus dem Juni 1941, in dem er die sofortige Exekution aller politischen Kommissare verlangte, die in deutsche Gefangenschaft gerieten, zeigte nur zu deutlich, dass die üblichen »Spielregeln« in diesem Fall nicht galten. Und entgegen der weitverbreiteten Meinung, dass solche Befehle - außer von der SS - weitgehend ignoriert worden wären, lassen jüngste Forschungen den Schluss zu, dass sehr wohl die meisten Wehrmachtseinheiten sie tatsächlich vollstreckten. Als Antwort darauf gingen die Sowjets nicht minder rücksichtslos vor, indem Kriegsgefangene immer wieder gefoltert oder exekutiert wurden.

Der »schmutzige« Krieg

Auf beiden Seiten wurden die Rechte der Gefangenen grob missachtet. Von den geschätzten zwei Millionen Soldaten, die im Jahr 1941 in deutsche Gefangenschaft gerieten, haben nur wenige den Krieg überlebt. Viele von ihnen starben an Krankheiten oder Unterernährung in den Gefangenenlagern, andere mussten sich in deutschen Kriegsfabriken zu Tode arbeiten - ein Schicksal, das

Oben: Zweimal im Jahr - im Frühling und Herbst - setzten heftige Regenfälle ein, welche entlang der gesamten Ostfront Straßen und Bahnlinien in eine einzige Schlammwüste verwandelten, sodass alle Arten von motorisierten Fortbewegungsmitteln unbrauchbar wurden. Ein möglicher Ausweg war es, Pferde vor das Krad mit Seitenwagen zu spannen.

auch viele deutsche Soldaten erlitten, die den Sowjets in die Hände fielen. Auch feindliche Verwundete hatten keine Gnade zu erwarten. Wenn sie nicht in der Lage waren, auf eigenen Beinen in Gefangenschaft zu gehen, wurden sie oft gleich an Ort und Stelle erschossen.

Eine solche Vorgangsweise wirkte sich auch auf den Kampf selbst aus, denn da die Soldaten wussten oder ahnten, wie sie behandelt würden, kämpften sie verständlicherweise noch verbissener - schließlich ging es um das nackte Überleben. Während der ersten Monate des Feldzuges beeinträchtigte diese gnadenlose Art der Kriegführung die Deutschen weniger als die Sowjets, doch dies sollte sich mit dem Einzug des Winters ändern. Immer öfter sahen sich deutsche Einheiten, die irgendwo manövrierunfähig im Eis festsaßen, plötzlichen Angriffen von feindlichen Truppen gegenüber, die zwar nur behelfsmäßig bewaffnet, aber immerhin wintertauglich gekleidet waren. In Eis und Schnee stand man dem Feind im Nahkampf gegenüber, wobei spitze Werkzeuge, Messer und Bajonette oft die einzigen brauchbaren Waffen waren.

Wenn die Deutschen einen solchen Kampf siegreich überstan-

den, wurden die Leichen der Sowjets sofort ihrer Kleider und Waffen beraubt, wobei vor allem die Filzstiefel sehr begehrt waren. Eine willkommene Beute stellten auch die sowjetischen PPSh-41-Maschinenpistolen dar, die aufgrund ihrer einfachen Bauweise auch bei großer Kälte meist funktionstüchtig blieben.

Im Dezember 1941 mussten die Kommandozentralen der Wehrmacht anordnen, dass jene Soldaten, die zu einem Heimaturlaub nach Deutschland zurückkehrten, mit neuen Uniformen ausgestattet wurden, bevor sie Russland verließen - offensichtlich waren deutsche Zivilisten schockiert gewesen von dem zerlumpten Äußeren mancher Soldaten.

Mit Fortdauer des Winters 1941/42 lernte die Wehrmacht, sich

Links: Eines der Probleme, mit denen sich die deutschen Truppen in Südrussland konfrontiert sahen, war das sumpfige Gelände, in denen sich zumeist ganze Schwärme von Stechmücken aufhielten, die für die Verbreitung der Malaria verantwortlich waren. Dieser Soldat, der mit einer Maschinenpistole 40 sowie einer Stielhandgranate 39 bewaffnet ist, trägt am Helm ein spezielles Moskitonetz.

Unten: Von Artilleriefeuer bedroht wartet diese Maschinengewehr-Mannschaft auf den Angriff der feindlichen Infanterie (Nordrussland, 1943). Als Waffe steht ein 7,92-mm-MG 42 zur Verfügung, das sich als Nachfolger des MG 34 durch seine besonders hohe Feuergeschwindigkeit auszeichnete. Die Wirkungsweise der Waffe beruhte auf dem Rückstoßprinzip.

Seiten 98/99: Dieses eindrucksvolle Bild von der Ostfront zeigt eine Gruppe deutscher Infanteristen, wobei die drei Soldaten in der Mitte, die eine MG-Mannschaft bilden, ihrem Offizier und dessen Funker über eine staubige Straße nachfolgen. Die Aufnahme stammt wohl vom Juli oder August 1942.

an die Bedingungen anzupassen. Die Soldaten begannen Schneewände zu errichten, die gegen den eisigen Wind schützten, oder sie vertrieben die einheimischen Bauern aus ihren Hütten, um sich selbst dort einzuquartieren und sich ein behagliches Plätzchen einzurichten. Der Mangel an warmer Kleidung zwang die Soldaten, sich auf recht unkonventionelle Weise zu helfen; so stopfte man etwa die Stiefel mit Zeitungspapier aus und trug so viele Schichten Kleidung wie nur möglich.

Man lernte auch, was es zu vermeiden galt. Wenn man nämlich blankes Metall mit bloßen Händen berührte, gefror die Hand fest, was beim Entfernen zu schlimmen Wunden führte. Es war ganz und gar unmöglich, länger als eine halbe Stunde Wache zu stehen, ohne dass man unter den Folgen der Kälte zu leiden hatte. Sich von den schützenden Lagern zu entfernen, kam einem Selbstmord gleich. Ein gewisser Trost bestand darin, dass ringsum alle in gleicher Weise zu leiden hatten. Die hohen Verluste, welche im Zuge von *Unternehmen Barbarossa* zu verzeichnen waren, hinterließen wohl große Lücken in den Reihen der deutschen Einheiten - vor allem der Panzerdivisionen -, doch die Überlebenden wurden durch die gemeinsamen leidvollen Erfahrungen nur noch stärker zusammengeschweißt.

Oben: Die deutsche Armee wurde zwar oft als hochmechanisiert und sehr beweglich dargestellt - die Realität sah jedoch anders aus. Der überwiegende Teil der Armee stützte sich auf die althergebrachten Fortbewegungsmittel - die eigenen Füße, Pferde oder Fahrräder. Um einigermaßen voranzukommen, war man vor allem auf gute Straßen angewiesen.

Oben: Ein Leutnant der Infanterie führt seinen Spähtrupp aus einem russischen Dorf, wobei er die ihm mitgegebenen Anweisungen liest. Der Unteroffizier hinter ihm studiert währenddessen eine Landkarte. Der Boden ist schlammig und tief, was darauf schließen lässt, dass dieses Bild im Frühjahr aufgenommen wurde.

Rechts: Herbst 1942: Ein Feldwebel und sein Fahrer versuchen, ihre BMW-Beiwagenmaschine des Typs R-75 aus dem Schlamm zu befreien. Bei solchen Bedingungen war ein Vorwärtskommen praktisch unmöglich; dies änderte sich zum Teil, als der Schlamm gefror - es sei denn, die Fahrzeuge waren selbst festgefroren.

Im Laufe des Feldzuges änderte sich auch die Einstellung der Soldaten zu diesem Krieg und den feindlichen Truppen. Die erbittert geführten Gefechte führten zu einer Abhärtung; man war immer mehr überzeugt, hier in einem Kampf auf Leben und Tod zu stehen - eine Haltung, die sich grundlegend von früheren Feldzügen unterschied. Die Soldaten begannen auch, ihre Versorgung selbst in die Hand zu nehmen, da die benötigten Güter aus der Heimat - wenn überhaupt - kaum jemals zur richtigen Zeit am richtigen Ort eintrafen. Man lebte und ernährte sich so, wie es die Einheimischen taten - auch wenn so etwas zu Beginn des Feldzuges den meisten als undenkbar erschienen wäre.

Aber nun, da feststand, dass dieser Krieg länger dauern würde, forderte man geeignetere Kleidung und Ausrüstung. Wenn man schon Schneeschuhe und Filzstiefel brauchte, dann wollte man von der Wehrmacht damit ausgerüstet werden und nicht darauf angewiesen sein, sie vom Feind zu erbeuten. Dementsprechend verlangte man auch Waffen, die genau so funktionstüchtig waren wie die der Sowjets - und das betraf nicht nur Maschinenpistolen allein.

Neue deutsche Panzermodelle

Es war wohl ein Schock für die Deutschen, als sie im Laufe ihres Feldzuges zum ersten Mal auf den T-34-Panzer der Sowjets trafen, der mit seiner 7,6-cm-Kanone den deutschen Waffen überlegen war. Die besten deutschen Panzermodelle vom Typ III und IV machten zu Beginn von *Barbarossa* nicht einmal die Hälfte des Gesamtaufgebots aus, und obwohl sie sich als durchaus robust erwiesen - manche von ihnen legten 1500 km und mehr zurück, ohne dass eine Generalüberholung nötig gewesen wäre -, so war doch offensichtlich, dass sie mit den sowjetischen T-34 nicht mithalten konnten.

Eine der Konsequenzen daraus war, dass die deutschen Konstrukteure einige wesentliche Merkmale des sowjetischen Panzers

Oben: Offiziere der Gebirgsjäger inspizieren von den Sowjets erbeutete Waffen nach einem Einsatz im Kaukasus, 1942. Der Leutnant in der Bildmitte begutachtet ein 7,62-mm-Tokarev-Automatik-Gewehr. Auf dem Boden sind noch mehr Waffen dieses Typs zu sehen.

Rechts: Eine Sprengwaffe des Typs Goliath wird auf den Einsatz vorbereitet. Diese Waffe wurde oft zum Angriff auf feindliche Panzer sowie zur Beseitigung von Hindernissen eingesetzt. Wenn es gelang, das Gerät unter den Panzer zu lenken, waren die Folgen zumeist verheerend.

übernahmen, woraus in den folgenden Jahren der Panzerkampfwagen V (»Panther«) sowie der Kampfpanzer VI (»Tiger«) hervorgingen. Sowohl der Panther mit seiner 7,5-cm-Kanone als auch der Tiger mit seiner gewaltigen 8,8-cm-Waffe bewährten sich im Kampf - doch sie brachten auch eine grundlegende Änderung der Kriegführung mit sich. Die früheren Panzermodelle hatten den Vorteil großer Beweglichkeit, wodurch sie in der Lage waren, durch Lücken in der feindlichen Verteidigung zu stoßen.

Die neuen Modelle hingegen waren größer und schwerer - und dadurch natürlicherweise weniger beweglich, wodurch die Möglichkeiten für blitzkriegartige Vorstöße deutlich geringer wurden. Gleichzeitig wurden die Deutschen durch die Tatsache, dass die Artillerie stets weit hinter den Panzern herhinkte, dazu bewogen, eine Art Geschütz mit Eigenantrieb zu konstruieren - für gewöhnlich handelte es sich um nichts anderes als ein Feldgeschütz auf einem Panzerfahrgestell -, das zwar recht wirkungsvoll, aber trotz allem zu langsam war. So wurde durch die Ereignisse der Jahre 1941/42 ein Prozess in Gang gesetzt, in dessen Verlauf die Wehrmacht zwar an Feuerkraft gewann, dafür aber ihre für die Offensive so wichtige Beweglichkeit einbüßte.

Diese Umwandlung trat wohl nicht sofort zu Tage, als der Winter vorüberging und Hitler im Jahr 1942 eine Frühlingsoffensive plante. Als die Überlebenden dieses alptraumhaften Winters aus ihren schützenden Lagern hervorkamen, war es nicht mehr dieselbe Armee wie noch im Jahr zuvor; es waren Soldaten, die nun ganz genau wussten, was für erbitterte Kämpfe noch vor ihnen lagen - Kämpfe, für die sie mit neuen, verbesserten Waffen ausgerüstet wurden, welche ihnen jedoch viel von ihrer Beweglichkeit nahmen. Dass dem so war, sollte schon sehr bald zu sehen sein.

Oben: Ein berittener Melder passiert die brennenden Überreste eines sowjetischen *Bystrochodniya Tankov,* eines »Schnellen Panzers«, der mit einer 4,5-cm-Kanone bestückt ist. Wenngleich man es bei dem Rauch schwer feststellen kann, dürfte es sich um einen Panzerwagen des Typs BA-6 handeln, der nicht auf Ketten, sondern auf Rädern unterwegs war.

Unten: Die Bewachung der Eisenbahnlinien war eine notwendige Aufgabe an der Ostfront, da die Eisenbahn das einzige Verkehrsmittel war, mit dem Versorgungsgüter größeren Umfangs transportiert werden konnten. Ab 1942 nahmen Partisanenangriffe immer mehr zu. Dieses Bild lässt erahnen, wie verwundbar das Eisenbahnnetz für solche Anschläge war.

KAPITEL 7

STALINGRAD

Der im Jahr 1942 unternommene Vorstoß der Deutschen zur Eroberung des Kaukasus und der strategisch wichtigen Industriestadt Stalingrad sollte in einem der erbittertsten Gefechte dieses Krieges zur völligen Vernichtung der deutschen 6. Armee führen.

Links: Soldaten der Infanterie stürmen mit Munitionsnachschub vorwärts. Das Bild stammt von der deutschen Sommeroffensive des Jahres 1942.

Oben: Anfangs erzielten die Deutschen einige Erfolge - so etwa, als sie den Don erreichten und tausende von Gefangenen nahmen.

Hitlers strategischer Plan für 1942 war sehr kühn. Nachdem er erkannt hatte, dass dieser Feldzug sehr lange dauern würde und dass nun der befürchtete Krieg an zwei Fronten drohte, in dem man den Sowjets auf der einen sowie den Engländern und Amerikanern auf der anderen Seite gegenüberstehen würde, sah Hitler, dass der Zugang zu neuen Rohstoffquellen für Deutschland zu einer Überlebensfrage wurde. Vor allem brauchte man Öl, denn die Herstellung von synthetischem Treibstoff aus Kohle, die von deutschen Wissenschaftlern angestrebt wurde, war ein äußerst mühsamer Prozess, der überdies nicht den gewünschten Erfolg brachte.

Man verfügte zwar über das Öl der verbündeten Rumänen und Ungarn, doch man brauchte mehr - man wollte die reichen Ölfelder des Kaukasus, die während der Vorstöße des Jahres 1941 schon in greifbare Nähe gerückt waren. Der Kaukasus war aber nicht allein des Erdöls wegen von Interesse; wenn es den deutschen Truppen gelang, südwärts zur türkischen Grenze vorzudringen, so konnte eventuell die bislang neutrale Türkei überredet werden, sich der Allianz der Achsenmächte anzuschließen, was die Möglichkeit eines Vormarsches in den Nahen Osten eröffnen würde.

Auf dem Papier sah dies recht einfach aus. Ein Vordringen an die Ufer des Don nördlich des strategisch ungemein wichtigen Industriezentrums Stalingrad würde die linke Flanke des

Oben: Deutsche Infanteristen durchqueren südlich von Rostow einen Fluß (Sommer 1942). Die Soldaten tragen ihre »Sturmausrüstung« mit sich - Essgeschirr sowie zusammengerollte Regenmäntel, Gasmasken und Feldflaschen. Man beachte das 50-Schuss-Trommelmagazin an dem Maschinengewehr (MG 34).

Rechts: Drei Infanteristen planen den nächsten Schritt ihrers Angriffs während der Kaukasus-Offensive vom Sommer 1942. Im Hintergrund steigt Rauch aus Ölraffinerien auf, welche die Sowjets auf ihrem Rückzug selbst in Brand gesteckt haben, woraus sich schließen lässt, dass das Bild in etwa am Höhepunkt der deutschen Offensive aufgenommen wurde. Die großen Ölfelder konnten jedoch nie eingenommen werden.

Unten rechts: Stalingrad steht in Flammen, während die Deutschen sich im September 1942 der Stadt nähern. Die 6. Armee, die zusammen mit Teilen der 4. Panzerarmee nach Stalingrad vorstieß, hatte zunächst keineswegs die Absicht, sich auf langwierige Straßenkämpfe innerhalb der Stadt einzulassen. Man hoffte, die Sowjets mit Artillerie- und Luftangriffen vertreiben zu können.

Unten links: Panzerkampfwagen des Typs III der 24. Panzerdivision überqueren Anfang Juli 1942 den Don bei Woronesch mit Hilfe einer Pontonbrücke. Die kahle Landschaft bot kaum einen Schutz gegen feindliche Angriffe. An dem Panzer im Vordergrund ist rechts hinten das Divisionszeichen zu erkennen.

Links: September 1942: Die Straßenschlacht in Stalingrad beginnt. Bei dem Panzerfahrzeug handelt es sich um ein Geschütz mit Eigenantrieb auf einer Artillerie-Zugmaschine. Diese Waffe erwies sich vor allem im Nahkampf als äußerst durchschlagskräftig. Auf dem offenen Platz, wie sie auf diesem Bild zu sehen ist, dürfte die Waffe allerdings weniger gut zur Geltung kommen. Das Gebäude im Hintergrund zeigt bereits Spuren von erbitterten Gefechten.

Oben rechts: Ein Maschinengewehrschütze feuert sein MG 34 von einer Straßenecke aus, die sich in den Außenbezirken Stalingrads befindet (September 1942). Die Gebäude ringsum wirken weniger stabil als jene im Stadtzentrum, sodass sie die Kämpfe kaum überleben dürften. Die Schlacht um Stalingrad hat eben erst begonnen.

Unten rechts: Stalingrad war eine moderne Stadt, die in den Dreißigerjahren auf Stalins Anordnung zu einer Art »Paradestadt« des Sowjetkommunismus ausgebaut wurde. Das zeigt sich auch an den Gebäuden, die auf diesem Bild gerade erstürmt werden - die massiven Ziegelwände sind ideale Verteidigungs-stellungen, die schwer zu zerstören sind.

Hauptstoßkeils sichern, der sich in Richtung der Ölfelder sowie der türkischen Grenze bewegte. Die Sowjets, die immer noch mit einem Großaufgebot Moskau schützten, würden diesem Schachzug völlig unvorbereitet gegenüberstehen und so den Sieg der Deutschen nicht verhindern können.

Doch ein solcher Plan setzte sorgfältige Vorbereitungen voraus, die Hitler als Oberbefehlshaber des Heeres hätte organisieren müssen - wozu er sich jedoch als unfähig erwies. Er verbiss sich zunehmend in taktische Probleme von untergeordneter Bedeutung und war noch dazu der festen Überzeugung, dass er allein den strategischen Weitblick besäße, der schließlich den Endsieg bescheren würde. Die Folge dieser »Strategie« war zunehmende Verwirrung an der Ostfront. Die einzelnen Befehlshaber sahen sich ständigen Einmischungen des Führerhauptquartiers ausgesetzt, und so kam es nicht selten vor, dass Befehle völlig willkürlich geändert wurden, weil ein Einzelner, der fern der Geschehnisse weilte, es so wollte.

Unternehmen »Blau« beginnt

Doch das deutsche Heer an der Ostfront rüstete erneut zu einer Offensive, dem sogenannten *Unternehmen Blau,* das am 28. Juni 1942 beginnen sollte. Vorgesehen war ein Vorstoß der Heeresgruppe Süd, ausgehend von einer Linie zwischen Kursk und Charkow, um die Stadt Woronesch am Don anzugreifen. Nach heftigen Gefechten, die zum Teil darin begründet waren, dass Stalin annahm, es handle sich um eine Art Vorspiel für den eigentlichen Angriff auf Moskau, fiel Woronesch schließlich am 5. Juli. Gleichzeitig gelang es den Deutschen, in einem ebenso erbittert geführten Kampf Sewastopol auf der Halbinsel Krim einzunehmen und die sowjetischen Truppen von der Halbinsel Kertsch zu vertreiben.

Doch dies war erst der Beginn der neuen Offensive. Am 9. Juli teilte Hitler die Heeresgruppe Süd in zwei neue Verbände, die Heeresgruppen A und B. Während Heeresgruppe B, zu der auch

Oben: Große Teile Stalingrads waren durch Artillerie- und Luftangriffe bald dem Erdboden gleichgemacht. Dadurch wurde die Aufgabe für die deutschen Truppen nur noch schwieriger, da die Straßen von Schutt und Mauerwerk blockiert waren, während andererseits die Ruinen den Sowjets die Möglichkeit boten, starke Verteidigungsstellungen aufzubauen.

Rechts: Dieses Bild zeigt ein Wohnviertel von Stalingrad im Oktober 1942 - ein deutscher Infanterietrupp marschiert an ausgebrannten Fahrzeugen und brennenden Gebäuden vorbei, um mit einem anderen Trupp zusammenzutreffen, ehe man einen Angriff auf sowjetische Stellungen im Stadtzentrum unternimmt. Diese Vorgangsweise entspricht ganz und gar nicht der Strategie, wie sie in den Tagen des Blitzkrieges üblich war.

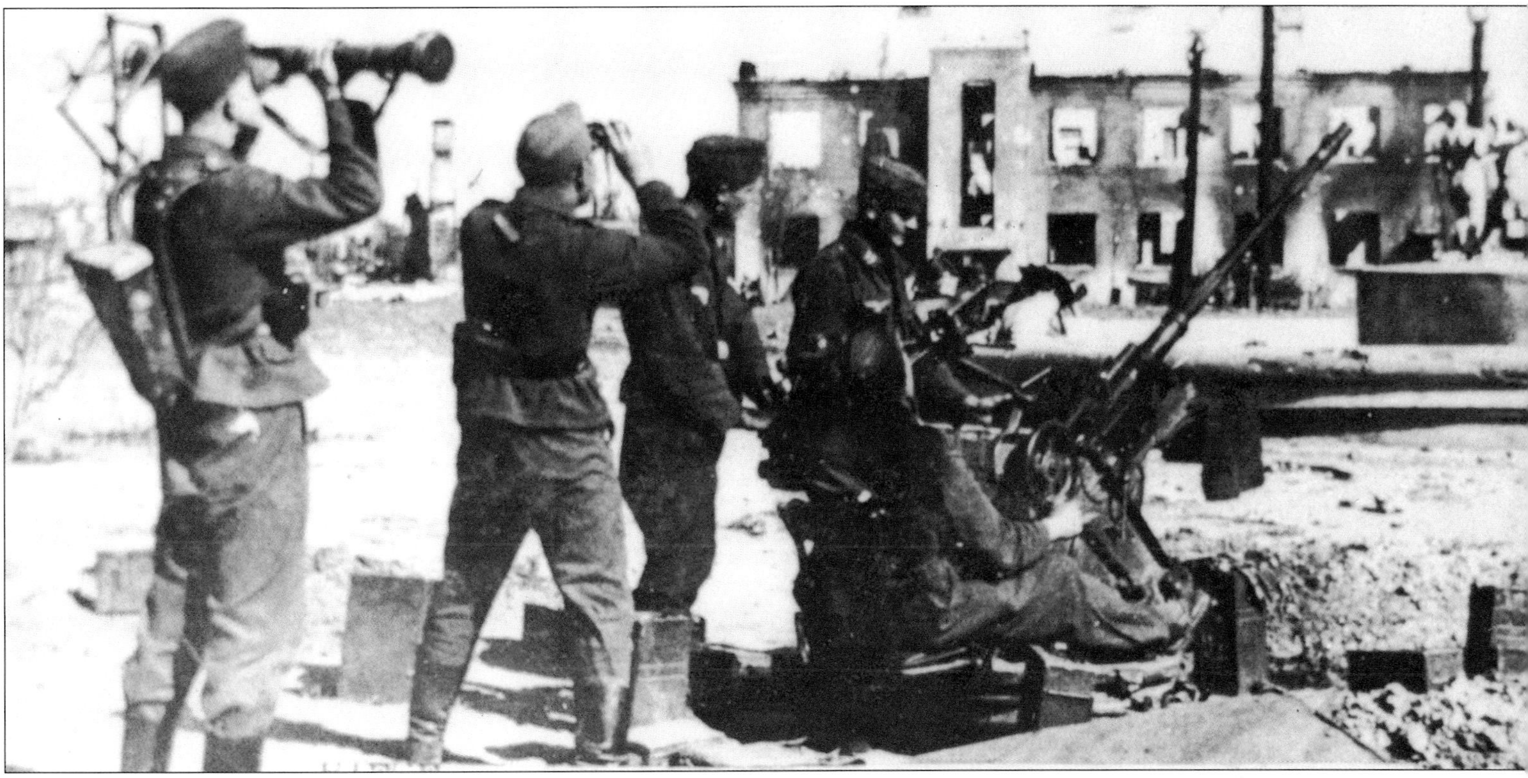

Oben: Eine 2-cm-Fliegerabwehrkanone (Flak) 30 wird in den Ruinen von Stalingrad abgefeuert. Diese Waffe erwies sich auch im Bodenkampf als äußerst nützlich, um den Vorstößen der Infanterie Feuerschutz zu geben. Mit dem Entfernungsmesser sowie dem Feldstecher nehmen die Soldaten ihr Ziel ins Visier, das sich irgendwo im Hintergrund befinden dürfte.

die bei Woronesch stationierten Kräfte gehörten, entlang des Donez-Korridors in Richtung Stalingrad vorstieß, sollte Heeresgruppe A das Donez-Becken nördlich von Rostow einnehmen, ehe sie südwärts in den Kaukasus vordringen würde, um dort den Raum von Batum bis Baku zu sichern.

Heeresgruppe B kam rasch vorwärts, was Hitler zu einer von mehreren folgenschweren Entscheidungen veranlasste. Am 16. Juli ordnete er an, dass die 4. Panzerarmee den Verband der Heeresgruppe B verlassen und nach Süden zur 1. Panzerarmee stoßen sollte, um diese bei ihrem Vorstoß in den Kaukasus zu unterstützen. Dies sollte sich als Fehler erweisen, da das weitere Vordringen von Heeresgruppe B sich nun auf die Infanterie stützte, in diesem Fall der 6. Armee von General Paulus, die auf Stalingrad zumarschierte. Die strategische Bedeutung dieser an einer Krümmung der Wolga gelegenen Stadt lag vor allem darin, dass sie eine potentielle Basis für einen sowjetischen Gegenangriff auf Rostow darstellte, wodurch Heeresgruppe A, die in den Kaukasus zog, abgeschnitten würde.

Am 30. Juli machte Hitler seinen Befehl rückgängig und beorderte die 4. Panzerarmee wieder zurück nach Norden, um sie als Stoßkeil für den Angriff auf Stalingrad einzusetzen. Diese Entscheidung bedeutete, dass die Deutschen nun zwei Ziele gleichzeitig verfolgten - nämlich Stalingrad und die Ölfelder des Kaukasus -, und letztlich keines von beiden verwirklichen sollten.

Durch Hitlers Entscheidungen stand die 4. Panzerarmee für zwei Wochen nicht für die Offensive zur Verfügung, da sie sich lediglich zwischen den Fronten hin- und herbewegte, wodurch letztlich beide Heeresgruppen geschwächt waren. Noch wichtiger aber war vielleicht, dass die Sowjets die Gefahr rechtzeitig erkannten und trotz einiger Anfangserfolge durch die 4. Panzerarmee, als diese mit der 6. Armee zusammentraf, genügend Zeit hatten, ihre Verteidigung zu organisieren. Somit war der deutschen Offensive jegliches Überraschungsmoment genommen.

Die 6. Armee vor Stalingrad

Als Paulus die Außenbezirke der Stadt am 23./24. August 1942 erreichte, musste er feststellen, dass die Sowjets mittlerweile ihre Verteidigungsstellungen ausgebaut hatten. Währenddessen war es weiter südlich der Heeresgruppe A zwar gelungen, am 5. August Stawropol und vier Tage später Krasnodar einzunehmen - darüber hinaus konnten aber kaum Gewinne verzeichnet werden. Die Truppen waren mittlerweile völlig erschöpft und die Nachschublinien hoffnungslos überdehnt, sodass an ein weiteres Vordringen von Heeresgruppe A nicht zu denken war. Die Ereignisse im Sommer 1942 zeigten schonungslos auf, was geschieht, wenn ein unumschränkt handelnder Oberbefehlshaber (in diesem Fall Hitler) die militärische Grundregel missachtet, dass das Angriffsziel einer Offensive nicht nachträglich abgeändert werden darf, da sonst Verwirrung einkehrt, was die Verwirklichung der Ziele schließlich vereitelt. General Paulus und seine Männer sollten die Folgen von Hitlers Fehlentscheidung zu spüren bekommen.

Der Gegenangriff der Roten Armee

Stalingrad, benannt nach dem Führer der Sowjetunion, erstreckte sich in Nord-Süd-Richtung am Westufer der Wolga, wo es eine wesentliche Verteidigungsstellung für die Sowjets darstellte. Verloren sie nämlich das Westufer, so blieb ihnen kaum noch etwas anderes als der Rückzug, was den Deutschen die Möglichkeit eröffnet hätte, ihre Streitkräfte für einen entscheidenden Vorstoß zu den Ölfeldern zu sammeln. Stalin war sich dessen wohl bewusst und bestand deshalb darauf, dass die nach ihm benannte Stadt bis zum letzten Atemzug verteidigt werden müsse. Die mit dieser Aufgabe betrauten sowjetischen Truppen - die 62. sowie die 64. Armee - hatten einige Vorteile auf ihrer Seite; so waren sie etwa mit den örtlichen Gegebenheiten vertraut und konnten z. B. Fabriksgebäude und andere Bauten in ihre Verteidigungsstrategie einbeziehen. Allerdings hatten auch die Sowjets unter Unfähigkeit auf der Kommandoebene zu leiden. Ein weiterer Nachteil für die verteidigenden Truppen war, dass sie ihren Nachschub unter ständigem deutschem Beschuss über die Wolga bringen mussten. Es sollte bald ein unerbittlicher Kampf um die Stadt entbrennen, der für den weiteren Verlauf des Ostfeldzuges bestimmend war.

Paulus marschierte am 7. September in Stalingrad ein, wobei er versuchte, die Stadt in zwei Hälften zu spalten und das Ufer der Wolga zu erreichen. Unterstützt wurde er dabei durch die Luftwaffe, die einen Einsatz nach dem anderen flog, um das Stadtzentrum zu zerstören, sowie von der 4. Panzerarmee, die in den südlichen Stadtteil vordrang und dort einen Keil in die sowjetischen Stellungen trieb. Am 10. September ernannte Stalin General Tschuikow zum Oberhaupt der 62. Armee, und obwohl die Lage anfangs hoffnungslos schien, konnte Tschuikow der Moral seiner Truppen dadurch neuen Auftrieb geben, dass er sich

Rechts: Die Bedienungsmannschaft einer deutschen leichten Panzerjägerkanone blickt in die Winterlandschaft hinaus (Dezember 1942). Wenngleich sie in diesem zweiten Winter an der Ostfront besser für die Kälte gerüstet waren, so war das Problem der mangelnden Nachschublieferung doch immer noch akut, was jeder einzelne Soldat zu spüren bekam, der fern der Heimat an der Front kämpfen musste.

Unten: Während der Wintermonate waren Pferdeschlitten für große Teile des Heeres das wichtigste Transportmittel. Zu diesem Zeitpunkt - im Jahr 1942 - machen die Pferde bereits einen ziemlich erschöpften Eindruck, während die Soldaten wenigstens über geeignete Kleidung verfügen.

in ihrer Mitte aufhielt und öffentlich erklärte, dass er hierbleiben würde, bis die Deutschen vertrieben wären.

Zu diesem Zeitpunkt mochten wohl nur wenige seinen Optimismus geteilt haben, doch nach und nach zeichneten sich erste kleine Erfolge ab. Es zeigte sich schon bald, dass selbst kleine Gruppen sowjetischer Soldaten in der Lage waren, bestimmte Punkte auch gegen eine deutsche Übermacht zu verteidigen, wobei vor allem die Geschützfabriken »Roter Oktober« und »Rote Barrikaden« sowie die Traktorenwerke der Stadt äußerst umkämpft waren.

Ein Vorteil für die Sowjets war die Tatsache, dass die Deutschen in diesen zähen Straßenkämpfen ihren Angriffen nicht jenen Schwung verleihen konnten, für den sie gefürchtet waren. Die Wehrmacht hatte hier keine Möglichkeit, mit ihren Panzern die feindlichen Stellungen auszumanövrieren und so zum Zusammenbruch zu bringen - die Hauptlast des Kampfes musste in diesem Fall von der Infanterie getragen werden. Ihre Truppen waren es, die mit Hilfe von Pionieren in die Fabriksgebäude eindrangen und die sich Stockwerk um Stockwerk und Zimmer um Zimmer durch die Ruinen der zerbombten Stadt kämpften, wobei jeder Meter, den man vorankam, mit erheblichen Opfern erkauft werden musste. Mitte September beherrschte die 6. Armee bereits weitgehend den südlichen Stadtteil, befand sich aber plötzlich in Gefahr, von den übrigen Streitkräften abgeschnitten zu werden, da die Sowjets die schwächeren Abschnitte der deutschen Front zwischen Wolga und Don bedrohten. Diese kritischen Abschnitte wurden von rumänischen, ungarischen und italienischen Truppen gehalten, deren geringe Verteidigungskapazität den Sowjets nicht entgangen war.

Während man Paulus in der Stadt in heftige Kämpfe verwickelte, zielte man darauf ab, die verwundbaren Flanken des deutschen Vorstoßes zu durchbrechen und auf diese Weise die 6. Armee (sowie zusätzlich einen großen Teil der 4. Panzerarmee) einzukesseln und von den Nachschublinien aus dem Westen abzuschneiden. Ende Oktober stand der Plan von *Operation Uranus* fest: Einheiten der Südwestfront und der Don-Front sollten in südöstlicher Richtung die rumänische 3. Armee durchstoßen und

Unten: Ein Panzerkampfwagen des Typs III dringt während der Winterkämpfe um Stalingrad in ein kleines russisches Dorf ein (Dezember 1942). Auf dem nunmehr gefrorenen Boden kamen die Panzer einigermaßen gut voran, wenngleich die Nachschublinien, von denen sie abhängig waren, im Winter besonders schwer aufrechtzuerhalten waren.

Oben: Als Stalingrad im November 1942 eingekesselt wurde, verschlimmerte sich die Lage der eingeschlossenen deutschen Truppen von Tag zu Tag mehr, zumal nun auch der Winter mit voller Härte einsetzte. Die Versorgung von außen brach allmählich zusammen, sodass die eingekesselten Soldaten einen immer hoffnungsloser werdenden Kampf führten.

Unten: In einer Schlacht verwundet zu werden, ist stets ein furchtbares Ereignis - besonders schlimm muss es jedoch in der winterlichen Kälte Russlands gewesen sein, wo man kaum hoffen durfte, gerettet zu werden. Der Soldat auf diesem Bild wird mit Hilfe eines improvisierten Schlittens von seinen Kameraden geborgen.

bei Kalatsch mit Einheiten der Stalingrad-Front zusammentreffen, welche ihrerseits die rumänische 4. Armee aus dem Süden angreifen würde. Diese sowjetischen Streitkräfte sollten dann eine Barriere gegen eventuelle deutsche Gegenangriffe von außen bilden, während sich der Ring um Stalingrad immer enger ziehen würde. Gleichzeitig sollte Tschuikow Paulus mit allen Kräften daran hindern, einen Gegenschlag von innen zu starten.

Der sowjetische Angriff begann am 19. November 1942. Binnen vier Tagen war der Widerstand der rumänischen Truppen im Norden zusammengebrochen, sodass die sowjetische 5. Panzerarmee ohne große Schwierigkeiten Kalatsch erreichte. Am 23. November trafen auch Teile der 51. Armee dort ein, sodass sich der Ring um die fast 250.000 in Stalingrad festsitzenden deutschen Soldaten schloss. Hitler verweigerte Paulus die Erlaubnis, einen Ausbruch zu versuchen - ein Unterfangen, das zu diesem frühen Zeitpunkt durchaus gute Erfolgsaussichten gehabt hätte. Stattdessen erhielt Paulus den Befehl, seine Stellungen in Stalingrad unter allen Umständen zu halten. Man versicherte ihm, dass die Luftwaffe die Versorgung seiner Truppen gewährleisten würde, während man durch einen Gegenschlag von außen den Ring der Sowjets zu sprengen gedachte. Wie sich bald zeigte, war keines der beiden Vorhaben zu verwirklichen.

Die eingeschlossene 6. Armee benötigte täglich mindestens 600 Tonnen an Versorgungsgütern; die Luftwaffe, durch die Verluste auf Kreta sowie im Winter zuvor an der Ostfront bereits geschwächt, konnte nicht einmal 100 Tonnen bewerkstelligen, sodass die Eingeschlossenen nun auch noch vom Hunger heimgesucht wurden. Währenddessen scheiterte auch General Manstein, der mit der Leitung der eilig ins Leben gerufenen Heeresgruppe Don beauftragt worden war, bei seinem Versuch, die 6. Armee zu befreien. Seine Offensive, die sich auf etwa 230

Panzer des LVII. Panzerkorps stützte, lief am 12. Dezember unter dem Decknamen *Unternehmen Wintergewitter* an.

Obwohl Manstein bis auf 50 km an die Peripherie der Stadt herankam, blieb Paulus, so wie Hitler es befohlen hatte, in seinen Stellungen und widerstand der Verlockung, auszubrechen und sich zu Mansteins Panzern durchzuschlagen. Für Hitler war Stalingrad mittlerweile zu einer Art persönlichem Kreuzzug geworden, sodass er keine Abweichung von seiner Linie duldete. Währenddessen versuchten die eingeschlossenen deutschen Truppen ihre Stellungen nach Kräften zu halten und sich für den nahenden Winter zu rüsten. Doch ihre Erfolgsaussichten waren längst dahin.

Die Sowjets überrollten Mitte Dezember auch die italienische 8. Armee am Don, sodass von Mansteins Flanke ungeschützt war. Er hatte keine andere Wahl, als sich zurückzuziehen, auch wenn dies bedeutete, dass die 6. Armee gegen den wachsenden Druck der Sowjets, zu dem nun auch noch der Kampf gegen die Kälte kam, praktisch ohne Chance war - eine Ansicht, die Hitler offenbar nicht teilte, wie auch aus einer Weihnachtsbotschaft hervorging, die er per Funkspruch nach Stalingrad schickte.

Aus dem Osten kommende sowjetische Truppen überquerten bereits die Wolga, um Tschuikows dezimierte Einheiten zu verstärken, während die siegreichen Einheiten von *Operation Uranus* aus dem Westen vordrangen. Als letztes Bindeglied nach außen ging schließlich auch der Flughafen verloren.

Am 26. Januar 1943 stießen Einheiten der Don-Front im Stadtzentrum Stalingrads zu Tschuikows 62. Armee und fegten dabei den noch verbliebenen deutschen Widerstand hinweg. Am 31. Januar versuchte Hitler noch einmal, seine Soldaten von der Notwendigkeit des Kampfes bis zum Letzten zu überzeugen und beförderte Paulus zum Generalfeldmarschall; er rechnete damit, dass Paulus sehr wohl wusste, dass noch nie ein so ranghoher deutscher Soldat lebend dem Feind in die Hände gefallen war. Doch all das nützte nichts mehr. Noch am selben Tag begab sich Paulus - völlig erschöpft und demoralisiert - mit seinen Männern in sowjetische Kriegsgefangenschaft. Die letzten deutschen Einheiten kapitulierten schließlich am 2. Februar 1943.

Stalingrad - der Wendepunkt

Mehr als 200.000 deutsche Soldaten fielen in der Schlacht um Stalingrad oder wurden gefangengenommen. Von den über 90.000, die in Gefangenschaft gingen, sollten nicht einmal 5000 überleben, um zehn Jahre später nach Deutschland zurückkehren zu können; die überwältigende Mehrheit ging an Krankheiten, Erschöpfung sowie an den unmenschlichen Lebensbedingungen in der Gefangenschaft zugrunde. Sie stellten die Elite der deutschen Infanterie dar - ein Verlust, der in den folgenden Monaten nur allzu deutlich spürbar werden sollte.

Unten: Dieses Bild, das Anfang 1943 an der Ostfront aufgenommen wurde, zeigt einen Panzerkampfwagen des Typs III mit einer kurzen 5-cm-Kanone, der durch das winterliche Gelände rollt. Obwohl er von dem sowjetischen T-34-Panzer an Feuerkraft übertroffen wurde, war der PzKpfw III dennoch sehr nützlich für die Unterstützung der Infanterie. An der Seite des mit Tarnfarbe versehenen Panzers ist das Erkennungszeichen zu sehen.

KAPITEL 8

KURSK

Unternehmen »Zitadelle«, die deutsche Offensive bei Kursk im Juli 1943, brachte die größte Panzerschlacht der Geschichte. Nach zwei Wochen erbitterter Gefechte waren die Offensivkräfte der Wehrmacht an der Ostfront endgültig verbraucht.

Links: Die Mannschaft eines Panzers des Typs IV während einer kurzen Rast, ehe es in die Schlacht geht (Russland, 1943). Der barhäuptige Soldat sitzt auf der 7,5-cm-Kanone.

Oben: Dieses Bild, das im Juni 1943 bei Kursk aufgenommen wurde, zeigt einen Panzer des Typs V (»Panther«) neben einem Halbkettenfahrzeug (SdKfz 251).

Seit es den Sowjets im November 1942 gelungen war, Stalingrad einzukreisen, war auch die Heeresgruppe A im Kaukasus verwundbar. Wenn die Stalingrad-Front auch die an der Nordostspitze des Asowschen Meeres gelegene Stadt Rostow einnahm, würde die Heeresgruppe A von der Versorgung aus dem Norden abgeschnitten, wonach nur noch Rückzug oder Zusammenbruch möglich wäre. Jedem, der eine Karte lesen konnte, musste dies klar sein - und doch wollte Hitler zunächst nichts von einem Rückzug wissen. Erst als Heeresgruppe A am 19. November von der sowjetischen Transkaukasus-Front angegriffen wurde und über einen Monat lang in erbitterte Gefechte verwickelt wurde, änderte er seine Meinung.

Ende Dezember, als die 6. Armee in der Umklammerung von Stalingrad bereits ihrem Ende entgegensah, zogen sich über 250.000 deutsche Soldaten nach Norden auf die Halbinsel Taman zurück, um schließlich eine - wenn auch schwache - Verbindung mit ihren Kameraden auf der Krim herzustellen. Währenddessen versuchten deutsche Einheiten in schweren Gefechten, Rostow zu halten, was jedoch misslang. Die Stadt fiel am 14. Februar 1943, doch die Verteidiger hatten der Heeresgruppe A die nötige Zeit verschafft, um sich in Sicherheit zu bringen.

Die Gesamtsituation für die Deutschen an der Ostfront wurde unterdessen immer bedrohlicher. Noch vor der Entscheidung in Stalingrad hatte General Filip Golikows »Woronesch-Front« einen Vorstoß nach Westen unternommen; nachdem Golikows Einheiten am 8. Februar Kursk befreien konnten, stießen sie zu der Industriestadt Charkow vor. Der sowjetische Vormarsch ging zwar äußerst rasch vor sich, war aber schlecht organisiert, sodass um Kursk ein Frontvorsprung entstand, der tief in die deutschen Linien hineinragte.

Hitler blieb diese Tatsache nicht verborgen, und so gab er den Befehl aus, Charkow als Basis für einen Gegenschlag unter allen

Links: Trotz der Niederlagen von Stalingrad und Charkow zu Beginn des Jahres 1943 herrschte in der Wehrmacht immer noch ein gewisser Optimismus, als man sich auf die Offensive bei Kursk vorbereitete. Dieser Maschinengewehrschütze - er trägt ein MG 34 - hat sogar ein Lächeln für die Kamera übrig. Die gute Stimmung sollte jedoch nicht von langer Dauer sein.

Rechts: Diese seltene Aufnahme wurde während der Schlacht von Kursk im Juli 1943 aufgenommen. Während die Infanteristen sich auf dem Hügel eingegraben haben, ziehen Teile eines Panzerregiments - ausgestattet mit Panzern des Typs III - entlang der Straße in die Schlacht. An diesem Bild lässt sich auch ermessen, wie verwundbar die Panzer gegenüber Luftangriffen waren.

Rechts: Deutsche Infanteristen marschieren in Begleitung von Panzern der 4. Panzerarmee im Zuge der Kursk-Offensive auf Prochorowka zu (Juli 1943). Der Soldat an der Spitze trägt eine Tellermine (Tmi) 42, die als Panzerabwehrwaffe eingesetzt wird. Bei den Panzern handelt es sich um PzKpfw III, wobei der Panzer ganz rechts mit einer langen 5-cm-Kanone ausgerüstet ist.

Umständen zu halten. Er beauftragte General Paul Haussers II. SS-Panzerkorps mit der Verteidigung der Stadt. Doch auch Hausser konnte in dem Inferno der sowjetischen Angriffe nichts ausrichten, und so setzte er sich über Hitlers ausdrücklichen Befehl hinweg und zog sich am 15. Februar mit seinen Truppen durch den einzigen verbliebenen Korridor aus Charkow zurück, um der drohenden Zerstörung zu entgehen. Somit war die Stadt wieder in sowjetischer Hand.

Gegenangriff auf Charkow

Wie nicht anders zu erwarten war, zeigte sich Hitler erbost über diese Eigenmächtigkeit seines Generals. Doch der Oberbefehlshaber der kurz zuvor neu organisierten Heeresgruppe Süd, Feldmarschall von Manstein, besänftigte Hitlers Zorn mit dem Vorschlag, einen Gegenangriff auf weit vorgeschobene sowjetische Angriffsspitzen zu unternehmen und diese mit Hilfe von schnellen Panzerverbänden zu zerstören. Diese später als »mobile Verteidigung« bezeichnete Strategie brachte tatsächlich den gewünschten Erfolg. Hausser stoppte seinen Rückzug am 19. Februar bei Krasnograd und stellte sich zusammen mit den Resten der 4. Panzerarmee plötzlich den völlig überraschten Verfolgern

Rechts: Eine 15-cm-(Schwere)Feldhaubitze 18 wird bei Kursk im Sommer 1943 abgefeuert. Die im Vordergrund gestapelten Granaten lassen darauf schließen, dass die feindlichen Stellungen unter Dauerfeuer genommen werden, sodass auf die Bedienungsmannschaft viel Arbeit zukommt. Alle außer dem Schützen halten sich gegen den Lärm die Ohren zu.

entgegen. Mehr als 23.000 Rotarmisten fielen und nahezu 9000 gingen in deutsche Gefangenschaft, worauf Golikow nur noch der Rückzug blieb.

Die Deutschen zogen nun schon zum dritten Mal in 18 Monaten in Charkow ein, doch von Manstein war vorsichtig genug, nicht denselben Fehler zu begehen wie zuvor die Sowjets. Er war sich bewusst, dass das Frühlingstauwetter bald schon den festgefrorenen Boden in eine einzige Schlammwüste verwandeln würde, weshalb er vor allem darauf bedacht war, seine Verteidigungslinien zu konsolidieren. Einige sowjetische Einheiten stießen nach Nordwesten in Richtung Bjelgorod vor, doch Ende März 1943 kamen schließlich alle Truppenbewegungen zum Erliegen.

Der Frontvorsprung bei Kursk blieb somit für die Deutschen ein verlockendes Ziel für einen großangelegten Gegenangriff. Für den Erfolg eines solchen sprach, dass man mit Orel im Norden sowie Charkow im Süden zwei wichtige Stützpunkte für den Vorstoß auf Kursk besaß. Der sowjetische Frontvorsprung, der

Links: Diese Infanteristen nutzen eine Marschpause, um sich zu stärken, nachdem sie in der drückenden Hitze des russischen Sommers auf die Front bei Kursk zumarschiert sind (Juli 1943). Der Obergefreite (rechts) trägt ein Maschinengewehr des Typs 34. Im Hintergrund ist ein Panzerkampfwagen »Tiger I« (Ausführung E) zu sehen, der mit einer besonders durchschlagskräftigen 8,8-cm-Kanone ausgestattet ist.

Rechts: Ein sowjetischer Panzerkommandant wird von der Bedienungsmannschaft eines Sturmgeschützes (erkennbar an den feldgrauen Uniformen) aus dem Turm seines kampfunfähigen Panzers (T-34/76) gezerrt. Die Soldaten auf dem Bild dürften selbst für den Abschuss des Panzers verantwortlich gewesen sein. Der Mann mit dem Kopfverband hat für alle Fälle seine Pistole, eine 9-mm-Walther 38, gezückt (Kursk, im Juli 1943).

Unten links: Russische Bauern, die entweder im Verdacht stehen, Partisanen zu sein, oder aber zur Zwangsarbeit eingezogen wurden, verfolgen aufmerksam, wie ein deutscher Aufklärungstrupp sich auf seinen Einsatz vorbereitet. Bei den Panzerfahrzeugen handelt es sich um ein SdKfz 231 (links), zwei Funkfahrzeuge (SdKfz 232), die an ihren Antennen erkennbar sind, sowie ein SdKfz 221, das hinter dem SdKfz 231 (rechts) zu sehen ist. Wir haben es hier mit einer besonders interessanten Fahrzeugkombination zu tun.

Links: Diese Abbildung eines kampfunfähigen sowjetischen Panzers des Typs 34/76 wurde im Juli 1943 bei Kursk aufgenommen. Völlig durchlöchert und seiner linken Kette beraubt ist das Fahrzeug in einem hoffnungslosen Zustand, wenngleich sein Verlust kaum ins Gewicht gefallen sein dürfte - immerhin lief die sowjetische Panzerproduktion im Jahr 1943 auf vollen Touren. Auch die Besatzung eines Panzers war jederzeit zu ersetzen.

Unten rechts: Nach der Panzerschlacht von Prochorowka im Juli 1943: Weithin verstreut sieht man die Überreste von sowjetischen T-34-Panzern, die von den SS-Panzerdivisionen zerstört worden waren. Es war dies die größte Panzerschlacht der Geschichte, und sie brachte trotz der auf dem Bild sichtbaren Verluste schlussendlich einen sowjetischen Sieg.

sich in Nord-Süd-Richtung über rund 220 km erstreckte, umfasste nicht weniger als 1,3 Millionen Soldaten der Roten Armee, darunter einige ihrer besten Verbände - und doch schien es durch einen Zangenangriff möglich, diese Elitetruppen der Sowjets zu vernichten. Einige Historiker haben die Ansicht geäußert, dass Hitler, hätte er einen solche Angriff im Februar oder März 1943 gewagt, den Feind hätte überrumpeln können, bevor dieser sich konsolidiert hätte. Hitler wartete jedoch bis Anfang Juli zu, sodass Stalin genug Zeit hatte, die Verteidigung vorzubereiten.

Der späte Zeitpunkt des deutschen Angriffs war durchaus begründet. Im Februar und März fanden wichtigere Kämpfe um Charkow statt, und als diese vorüber waren, ließ das Frühlingstauwetter keine größeren Manöver mehr zu. Ein weiterer Grund für die Verzögerung bestand jedoch darin, dass Hitler sich von dem bevorstehenden Angriff einen großen Durchbruch erwartete und zu diesem Zweck auf das Eintreffen von neuen, noch mächtigeren Waffen wartete, nachdem die Deutschen Ende Januar an der Ostfront nur noch 495 kampftaugliche Panzer zur Verfügung hatten. Bei den neuen Waffen handelte es sich vor allem um die Panzer des Typs V (»Panther«) und VI (»Tiger«) sowie um neu entwickelte Jagdpanzer, die als »Ferdinand« (später auch »Elefant«) bekannt waren und die mit ihren Tiger-Panzerfahrgestellen vor allem für den Durchbruch von hartnäckig verteidigten Stellungen gedacht waren. Es kam jedoch bei der Entwicklung und Produktion dieser Waffen immer wieder zu Verzögerungen, was nicht zuletzt durch Bombenangriffe der Alliierten auf deutsche Waffenfabriken begründet war. Durch all diese Umstände war also vor Anfang Juli nicht an einen neuen Vorstoß an der Ostfront zu denken. Stalin hingegen nutzte die ihm zur Verfügung stehende Zeit. Er war über die bevorstehende Offensive des Feindes bestens informiert, was möglicherweise auf die Tätigkeit eines sowjetischen Spionagerings in der Schweiz zurückzuführen war - wenngleich heute immer öfter die Ansicht vertreten wird, dass die westlichen Alliierten es waren, die die entschlüsselten deutschen Enigma-Funksprüche an die Sowjets weitergaben. Wie auch immer, für Stalin erwiesen sich diese Informationen als unbezahlbar, da sich die sowjetischen Einheiten auf diese Weise bestens auf den deutschen Angriff vorbereiten konnten. Der Frontbogen um Kursk wurde zu einer richtiggehenden Festung ausgebaut - und zwar besonders an jenen Stellen im Norden bzw. im Süden, wo der Angriff zu erwarten war. Die Bevölkerung rund um Kursk wurde angewiesen, Panzerabwehrgräben auszuheben und Geschützstellungen zu errichten. Der Vorstoß der deutschen Panzer sollte vor allem von Infanteristen aufgefangen werden, die mit Panzerabwehrkanonen und -minen ausgerüstet waren. Im Hintergrund warteten über 5000 Panzer, die einen eventuellen Durchbruch der Deutschen zurückschlagen sollten. An einigen Punkten erreichten die sowjetischen Linien eine Stärke von gut 180 km, wobei die fast schachbrettartig angeordneten Verteidigungsstellungen jeglichen Schwung aus dem deutschen Vormarsch nehmen sollten. *Unternehmen Zitadelle* mag eine sorgfältig geplante Offensive gewesen sein - doch ihr Scheitern stand von vornherein fest. Die Erfinder des »Blitzkrieges« sollten in

Oben: Die Bedienungsmannschaft einer 5-cm-Panzerjägerkanone 38 im Einsatz während der Schlacht von Kursk (Juli 1943). Für die Pak 38, die im Jahr 1941 die 3,7-cm-Pak 35/36 ersetzte, gab es bereits ein Hartkerngeschoss, Durchschlagsleistung bei 60° auf 500 m Entfernung 86 mm, auf 250 m 109 mm; bei 90° auf 250 m 141 mm, auf 500 m 120 mm.

den Sowjets ihre Meister finden. Doch solche Gedanken waren den Deutschen während der Vorbereitung ihrer Offensive natürlich fremd, wenngleich einige ihrer Befehlshaber tatsächlich eine Falle befürchteten. In jedem Fall aber war den Deutschen bewusst, dass sie ihre allerbesten Kräfte für diesen Vorstoß versammelt hatten, deren Verlust einer Katastrophe gleichkommen würde. Im Norden stand die zur Heeresgruppe Mitte (Feldmarschall von Kluge) gehörende 9. Armee mit ihren 21 Divisionen, darunter sechs Panzer- sowie eine Panzergrenadierdivision, sodass insgesamt etwa 800 Panzer zur Verfügung standen. Im Süden bot die neu aufgebaute 4. Panzerarmee, welche zu von Mansteins Heeresgruppe Süd gehörte, 22 Divisionen auf, darunter sechs Panzer- und fünf Panzergrenadierdivisionen, sodass an dieser Frontlinie insgesamt 1300 Panzer standen. Zusammen waren in

Oben: Dieses Bild zeigt einen deutschen Panzer des Typs IV (Ausführung F2). Trotz der Tiger und Panther, die in Kursk zum Einsatz kamen, stützten sich die deutschen Panzerdivisionen immer noch hauptsächlich auf dieses Modell. Den Unterschied zwischen den beiden Versionen F1 und F2 machte vor allem die neue 7,5-cm-Kanone aus.

Rechts: Lediglich an seinem charakteristischen Turm ist dieser sowjetische T-34/85-Panzer noch erkennbar, der einem Sturzbomber-Angriff zum Opfer fiel. Der T-34/85 stellte die Deutschen vor große Probleme, da er die Beweglichkeit des T-34 mit der Durchschlagskraft einer 8,5-cm-Kanone verband.

Oben: Drei der vier Besatzungsmitglieder eines Marder II (7,5-cm-Pak 40/2 SdKfz 131) präsentieren sich dem Fotografen. Die 19 »Abschußringe«, die auf das Geschützrohr aufgemalt wurden, sowie die Orden, die der Kommandant ein wenig prahlerisch zur Schau stellt, lassen darauf schließen, dass dieses Fahrzeug schon manche Schlacht hinter sich hat.

diesen beiden Armeen rund 70 Prozent der gesamten Panzerkräfte konzentriert, über die Deutschland zum damaligen Zeitpunkt an der Ostfront verfügte. So mächtig ein solches Aufgebot einerseits war, so hoch war andererseits das Risiko, da im Falle eines Scheiterns kaum noch nennenswerte Reserven zur Verfügung standen.

Unternehmen »Zitadelle« läuft an

Über die bereits erwähnten Kanäle war den Sowjets mitgeteilt worden, daß *Unternehmen Zitadelle* am 5. Juli 1943 beginnen würde, und so nahmen sie zunächst einmal mit ihrer Artillerie die deutschen Stellungen unter Beschuss - und das noch bevor der deutsche Angriff so richtig begonnen hatte. Damit gaben sie eindrucksvoll zu verstehen, dass sie von dem deutschen Vorstoß nicht im mindesten überrascht waren, was die Deutschen eines wesentlichen Vorteils beraubte. Der psychologische Effekt dieser Maßnahme war beträchtlich, dennoch begannen die Deutschen ihren Angriff wie geplant. Im Norden versuchte die 9. Armee verbissen, die feindlichen Linien zu durchdringen, doch ihr Vorstoß kam schon nach wenigen Kilometern zum Stillstand. Der 4. Panzerarmee im Süden erging es zwar etwas besser, stieß sie doch an einzelnen Punkten immerhin bis zu 13 km vor - doch auch ihr Elan wurde nach und nach gebremst.

Der Vorstoß wurde vor allem von eingegrabenen T-34-Panzern sowie von Panzerabwehrkanonen aufgehalten. Kaum hatten die deutschen Panzer ein Hindernis aus dem Weg geräumt, tauchten schon ein Dutzend weitere auf, sodass man gezwungen war, sich wieder zurückzuziehen und es an einem anderen Punkt zu versuchen, um so eine Schwachstelle in der sowjetischen Verteidigung zu finden. Das Problem dabei war nur, dass es eine solche Schwachstelle ganz einfach nicht gab. Auch die Luftwaffe konnte den Angriff nicht in dem Maße unterstützen, wie sie das früher oft getan hatte. Obwohl die sowjetischen Luftstreitkräfte den Luftraum über dem Kampfgebiet nicht vollständig beherrschten - so konnten die Deutschen am ersten Tag noch ihre Stuka einsetzen -, gelang es ihnen doch immer wieder, dem Feind empfindliche Schläge zu versetzen. Ihr IL(Iljuschin)2-Schlachtflugzeug (»Sturmowik«), das speziell für die Unterstützung der Bodenstreitkräfte gedacht war, tauchte stets in Staffeln auf und vernichtete dabei oft reihenweise feindliche Panzer, sodass es nicht ganz zu Unrecht von den deutschen Soldaten »Schwarzer Tod« genannt wurde.

Es entwickelte sich ein unerhört zähes Ringen um jeden Meter Boden, bei dem den Deutschen nie ein wirklicher Durchbruch gelang. Nach fast einer Woche waren die beiden von Nord und Süd angreifenden deutschen Truppen immer noch an die 220 km voneinander entfernt, wenngleich es am 11. Juli im Süden für kurze Zeit nach einem entscheidenden Vorstoß aussah. Es war nämlich Panzern der 1., 2. und 3. SS-Panzerdivision gelungen, den Gegner bei Prochorowka, entlang der Bahnlinie von Bjelgorod nach Kursk, zurückzudrängen - doch wie sich bald zeigte, gingen sie in eine Falle der Sowjets. Am Morgen des 12. Juli stellte sich den vorrückenden »Tigern« plötzlich General Rotmistrows 5. Garde-Panzerarmee entgegen, deren T-34-Panzer zwar nicht so schwer bewaffnet waren wie die SS-Tiger, die aber zahlenmäßig

Oben: Diese recht zuversichtlich wirkenden Maschinengewehrschützen der 4. Panzerarmee marschieren an einem verlassenen sowjetischen Panzer des Typs T-34/76 mit umgedrehtem Turm vorüber. Dieses Bild wurde zu Beginn der Offensive bei Kursk aufgenommen, bevor der deutsche Vorstoß sich an den sowjetischen Verteidigungsstellungen festgefahren hatte.

Rechts: Ein sowjetischer Panzer steht verlassen am Straßenrand. Der Fahrer scheint durch die Luke entkommen zu sein, doch ein Blick auf den Boden, wo seine Leiche von einer Plane bedeckt liegt, gibt uns Auskunft. Zu den Gefahren, denen Panzerbesatzungen ausgesetzt waren, gehörte es, bei lebendigem Leib zu verbrennen oder erschossen zu werden.

Rechts: Deutsche Soldaten untersuchen ein sowjetisches Jagdflugzeug des Typs Mikojan-Gurewitsch (MiG)-3, das in Zentralrussland abgeschossen werden konnte. Dieses Bild aus dem Jahr 1943 lässt vermuten, dass der Abschuß mit einem Luftabwehr-Maschinengewehr der Waffen-SS erfolgt ist - einem MG 34, das auf einem Dreibein montiert ist -, obwohl sich das natürlich nicht mit Sicherheit behaupten lässt.

klar überlegen waren. Was nun folgte, war wohl die größte Panzerschlacht, die es je gab, in der rund 1000 Panzerkampfwagen zum Einsatz kamen, die sich auf einem Gebiet von gut 3 km Breite bewegten.

Die Sowjets wussten, dass sie mit ihren T-34-Panzern den 8,8-cm-Kanonen der Deutschen unterlegen waren, und so versuchten sie, ihre Fahrzeuge möglichst nahe an die deutschen Panzer heranzubringen oder gar mit diesen zu kollidieren, um dem Feind keinen Bewegungsspielraum zu geben. Kilometerweit war das Dröhnen der schweren Kanonen zu hören, gefolgt von den Explosionen, die sie verursachten.

Der Zermürbungskrieg

Die Verluste, die die 4. Panzerarmee vom 5. bis 12. Juli erlitten hatte, beliefen sich insgesamt auf 350 Panzer und rund 10.000 Mann. Die 9. Armee weiter nördlich hatte an die 200 Panzer und gar 25.000 Mann verloren. Die Sowjets hatten ebenfalls schwere Verluste zu verzeichnen, doch sie konnten im Gegensatz zu den Deutschen auf große Reserven zurückgreifen, die östlich von Kursk bereitstanden; Schätzungen zufolge sollen bei Kursk die Verluste der Roten Armee an Waffen und Menschen gar viermal so hoch wie die der Deutschen gewesen sein. Die Sowjets setzten jedoch noch am 12. Juli einen Teil ihrer Reserven ein, um einen Angriff auf Orel zu starten. Diese Attacke war zusammen mit dem Angriff der Alliierten auf Sizilien ausschlaggebend dafür, daß Hitler das *Unternehmen Zitadelle* schließlich abbrechen ließ.

Unternehmen Zitadelle - und insbesondere die Schlacht bei Prochorowka - war wohl insofern entscheidend, als hierbei die letzten deutschen Panzerreserven aufgebraucht wurden, sodass alle Möglichkeiten für weitere Offensiven endgültig verspielt waren. *Zitadelle* war wohl der größte deutsche Panzerangriff des gesamten Zweiten Weltkrieges, wenngleich im Dezember 1944 in den Ardennen noch eine Schlacht von vergleichbarem Umfang folgen sollte, die im übrigen einen ähnlichen Ausgang brachte (siehe Kapitel 10). Die Zeit der Blitzkriege war somit endgültig vorüber.

Die beiden Heeresgruppen Mitte und Süd mussten sich schließlich aus dem Raum Kursk zurückziehen und am 5. August sowohl Orel als auch Bjelgorod den Sowjets überlassen. Es blieb ihnen nichts anderes übrig, als sich auf gesicherte Verteidigungsstellungen zurückzuziehen, da die Sowjets nun entlang der gesamten Ostfront Gegenangriffe starteten, die mit wachsender strategischer Umsicht vorbereitet und durchgeführt wurden, wobei man die zahlenmäßige Überlegenheit geschickt einsetzte. Man hatte klar erkannt, wo die Schwächen der deutschen Blitzkriegführung lagen - in der ständigen Einmischung durch Hitler, in den Lücken, die sich zwischen den Stoßkeilen der Panzerdivisionen und der viel langsameren Infanterie auftaten, sowie im schlussendlichen Zusammenbruch der Nachschublinien -, und man traf entsprechende Maßnahmen, damit die Rote Armee nicht dieselben Fehler beging.

Im Herbst 1943 gelang die Befreiung von Kiew und Smolensk, sodass die Deutschen über den Dnjepr zurückgetrieben werden konnten. Die Rote Armee war mittlerweile in allen Einheiten voll mechanisiert, und auch der Nachschub war für Vorstöße bis zu 400 km gesichert. Außerdem war Stalin klug genug, die Entscheidung über das jeweilige Vorgehen den Generälen vor Ort zu überlassen. Immer wieder gelang es, den Gegner mit überraschenden Manövern *(Maskirowka)* zu überrumpeln, wobei Artillerie, Panzer und motorisierte Infanterie an sorgfältig ausgewählten Punkten so konzentriert auftraten, dass die Deutschen nichts entgegenzusetzen hatten - zumal sie sich nun auch den Angriffen der Alliierten im Mittelmeerraum gegenübersahen. Hitlers Traum begann zu zerbröckeln - und die Wehrmacht musste die Konsequenzen tragen. An der Ostfront war man kurz davor, endgültig überrollt zu werden.

K A P I T E L 9

RÜCKZUG IN ITALIEN

Die Wehrmacht bot einem zahlen- und materialmäßig überlegenen Feind in Italien hartnäckig und geschickt Widerstand. Aber es war ein erbittertes Rückzugsgefecht, die Tage der erfolgreichen Blitzkriege waren endgültig vorbei.

Links: Vor der malerischen Kulisse der italienischen Alpen gibt ein junger Leutnant (links) seinem Feldwebel Anweisungen.

Oben: Eine Kolonne von Sturmgeschützen (StuG IV - mit Panzerfahrgestell), alle mit 7,5-cm-StuK-40-Kanonen ausgerüstet (Neapel, September 1943).

Als klar war, dass der Sieg in Nordafrika im Frühjahr 1943 bevorstand, trafen sich die Führer der Alliierten, Premierminister Winston Churchill und Präsident Franklin D. Roosevelt, um die weitere Vorgangsweise zu besprechen. Während die Amerikaner für einen sofortigen Angriff über den Kanal eintraten, um den Nordwesten Europas zu befreien, standen die Briten diesem Vorhaben eher skeptisch gegenüber, fürchteten sie doch, dass sich die relativ unerfahrenen alliierten Truppen gegen die Wehrmacht in Frankreich nicht würden durchsetzen können. Churchill drängte daher auf einen Mittelmeerfeldzug, einerseits um mehr Erfahrung in amphibischen Landungsoperationen zu gewinnen und andererseits, weil er erkannte, dass Italien die Schwachstelle der feindlichen Militärmacht darstellte. Churchill plante einen Angriff auf den »weichen Unterleib der Achsenmächte«, wie er es nannte, und zwar durch eine Truppenlandung auf Sizilien und anschließend auf dem Festland mit dem Ziel, Mussolinis Diktatur zu Fall zu bringen und gleichzeitig eine neue Front zu bilden, wo ein Teil

Oben: Deutsche Soldaten in ihrer Verteidigungsstellung in den italienischen Alpen (1944). Ihr Unterstand besteht aus wasserfesten Umhängen, den sogenannten »Zeltbahnen«, die über der Uniform getragen werden und bei Bedarf zu einem Zelt verbunden werden können.

Rechts: Deutsche Truppen bei der Landung in Süditalien, nachdem sie aus Sizilien evakuiert wurden. Diese seltene Aufnahme vom August 1943 zeigt ein Landungsfahrzeug, wie es außerhalb des Mittelmeerraumes kaum von Nutzen war.

Oben: Die Bedienungsmannschaft einer 7,5-cm-Panzerjägerkanone 40 bei der Errichtung einer Verteidigungsstellung bei einem Bauernhaus in Italien 1944. Nach der Fertigstellung sieht die Stellung für den Feind wie ein harmloser Schuppen aus.

Unten: Dieses auf einem Dreibein montierte Maschinengewehr (MG) 42 wird für den Einsatz vorbereitet (Süditalien 1943). Das Geräusch des von den Alliierten als »Spandau« bezeichneten Maschinengewehrs wurde wegen der hohen Feuergeschwindigkeit mit einem Specht verglichen.

Oben: Eine 7,5-cm-Panzerjägerkanone 40 wird für den Einsatz vorbereitet (Mittelitalien, 1944). Die Verteidigungsstellung dürfte in aller Eile aufgebaut worden sein, da die Kanone weder in den Boden eingegraben noch allzu gut getarnt ist. Die Position neben einem auffallenden Baum stellt keine gute Platzwahl dar.

Links: Angeführt von ihren Offizieren und Unteroffizieren marschiert eine Gruppe von deutschen Infanteristen an die italienische Front (1944). Sie wirken recht gelassen, was darauf schließen lässt, dass die Alliierten nicht allzu nahe sein dürften. Schon die Tatsache, dass bei hellem Tageslicht marschiert wird, lässt vermuten, dass keine Luftangriffe von Seiten der Alliierten zu erwarten sind.

der deutschen Streitkräfte gebunden sein würde. Und tatsächlich sollte Hitlers Alptraum eines Zweifrontenkrieges in Europa bald Realität werden.

Zuerst jedoch musste die Invasion auf Sizilien vorbereitet und ausgeführt werden, wobei die 7. Armee der Amerikaner und die 8. Armee der Briten aus Nordafrika zum Einsatz gelangen sollten. *Operation Husky* begann am frühen Morgen des 10. Juli 1943 mit Truppenlandungen entlang eines Küstenstreifens, der sich von Syrakus im Osten bis Licata im Westen erstreckte; zusätzlich wurden Luftangriffe und Luftlandeaktionen gestartet, um strategisch wichtige Brücken bzw. Gebiete zu sichern. Dem Geheimdienst der Allierten war es gelungen, den genauen Aufenthalt der 315.000 italienischen und 50.000 deutschen Soldaten auf der Insel ausfindig zu machen. Unter den deutschen Soldaten befanden sich auch solche, die aus Nordafrika abgezogen worden waren, bevor die Alliierten Tunis einnahmen. Eine der stärksten Formationen war die Division »Hermann Göring«, eine Bodeneinheit der Luftwaffe, die mit Panzerkampfwagen IV und Panther-Panzern ausgerüstet war.

Als es dann aber soweit war, konnten die Alliierten trotz einiger harter Kämpfe einen relativ raschen Sieg erringen. Die Wehrmacht musste nach den Anordnungen Hitlers Mitte 1943 an allen Fronten ausgedehnt werden, wobei der Stellungsaufbau in Kursk seit März Priorität hatte. Die Haltung Italiens, die zu diesem Zeitpunkt niemand so recht einschätzen konnte, wurde bei der Landung der Alliierten auf Sizilien offensichtlich; italienische Einheiten in Licata flohen, und zwei Wochen später erfolgte der Sturz Mussolinis in Rom. Zu diesem Zeitpunkt waren die Alliierten bereits an der Küste Siziliens stationiert und näherten sich ihrem Ziel, dem nahe der Südspitze der italienischen Halbinsel gelegenen Messina.

Die deutschen Befehlshaber erkannten indes die Gefahr, eingeschlossen zu werden, und zogen ihre Truppen auf das Festland ab, wo sie die entscheidenden Kämpfe erwarteten. Am 17. August 1943 wurde Sizilien nach 38-tägigem Kampf von den Alliierten eingenommen 40.000 deutsche und 60.000 italienische Soldaten sowie große Mengen an Kriegsmaterial konnten jedoch rechtzeitig evakuiert werden. Betrachtet man die Geschehnisse, die sich zur selben Zeit an der Ostfront ereigneten (siehe Kapitel 8), so wird deutlich, dass die Wehrmacht allmählich in ernste Bedrängnis geriet.

Die politischen Geschehnisse in Italien zwangen Hitler, sich mehr dem Mittelmeerraum zuzuwenden. Nach dem Sturz

Unten: Amerikanische Gefangene, die den Deutschen Anfang 1944 bei Anzio in die Hände fielen, werden in die Außenbezirke von Rom gebracht, ehe sie durch die Straßen der Stadt geführt werden, um die Bevölkerung mit dieser Zurschaustellung deutscher Stärke einzuschüchtern. Bei dem Panzer rechts im Bild handelt es sich um einen Panther.

Links: Ein Panzer des Typs VI (Ausführung E) der schweren Panzerabteilung 508 auf dem Weg nach Aprilia (Italien 1944). Dieser Panzer war ein hervorragendes Kampffahrzeug mit einer 8,8-cm-Kanone (KwK 36) und einer 11 cm dicken Panzerung, er war den alliierten Panzern in jeder Hinsicht überlegen.

Rechts: Ein deutscher Kanonier nimmt mit dem 21-cm-Mörser 18 sein Ziel genau ins Visier, bevor er auf die alliierten Stellungen feuert (Mittelitalien 1944). Obwohl man bereits 1942 zur Produktion von 17-cm-Kanonen 18 übergegangen war, blieb dieser Mörser bis zum Ende des Krieges im Einsatz. Seine Feuergeschwindigkeit betrug etwa 1 Schuß / min, seine maximale Reichweite lag bei etwa 18 km.

Unten: Ein schweres Geschütz (17 cm - K 18), das auf alliierte Stellungen in Anzio abgefeuert wird (Frühjahr 1944). Die K 18 wurde in der deutschen Wehrmacht erstmals 1941 eingesetzt. Mit einer maximalen Reichweite von 28 km und einer Feuergeschwindigkeit von mindestens 1 bis 2 Schuß / min konnte sie verheerenden Schaden anrichten, wie die Alliierten in Anzio zur Kenntnis nehmen mussten.

Mussolinis am 25. Juli kam Marschall Pietro Badoglio an die Macht, der in Geheimverhandlungen mit den Alliierten die Kapitulation Italiens anstrebte, welche Anfang September in Kraft treten sollte, gleichzeitig mit der Landung der Alliierten in Reggio, Tarent, Brindisi und Salerno. Die italienischen Streitkräfte würden nichts unternehmen, um sie aufzuhalten, sodass der Weg für die Alliierten nach Rom und schließlich nach Österreich frei wäre. Wenn dies so wie geplant geschehen wäre, hätte Deutschland die Folgen unmittelbar zu spüren bekommen, da die südliche Flanke danach dann offen gewesen wäre, wodurch auch die Verteidigungsbemühungen an der Ostfront stark beeinträchtigt worden wären.

Die Wehrmacht schlägt zurück

Hitler wusste jedoch durch seinen Geheimdienst, dass die Kapitulation Italiens bevorstand, und sobald dies bestätigt wurde, handelte er unverzüglich. (Die Italiener sollten den Geheimvertrag über die Kapitulation am 3. September auf Sizilien unterzeichnen.) Der Befehlshaber der deutschen Truppen in Norditalien, Feldmarschall Rommel, entwaffnete die italienischen Divisionen in seinem Sektor; Feldmarschall Albert Kesselring tat dasselbe im Raum Neapel, nahe des geplanten Landepunktes Salerno.

Oben: Zwei deutsche Soldaten in Anzio (Anfang 1944). Die Tarnung an ihren Uniformen läßt vermuten, dass es sich um erfahrene Soldaten handelt. Der Mann links im Bild trägt eine italienische 9-mm-Beretta-Maschinenpistole (M38A).

Als nun in *Operation Avalanche* am Morgen des 9. September die ersten alliierten Truppen in Salerno landeten, war ihr Weg durch die 10. Armee unter General Heinrich von Vietinghoff versperrt, die in aller Eile nach Italien versetzt worden war. Die alliierten Truppen von Generalleutnant Mark Clarks 5. US-Armee, die sich aus dem VI. US-Korps und dem X. britischen Korps zusammensetzte, gelang es nur mit Mühe, einen Landekopf zu bilden, wo sie jedoch sogleich von Vietinghoffs Panzern unter Beschuss genommen wurden. Zwischen 10. und 18. September war der Erfolg des Unternehmens in Salerno ernsthaft gefährdet. Erst nachdem Verstärkung an die Küste gebracht werden konnte und General Montgomerys 8. Armee aus ihrem Landeabschnitt im Süden eintraf, konnte die Niederlage endgültig abgewendet werden. Am 5. Oktober 1943 hatten die Alliierten Neapel unter Kontrolle.

Von Vietinghoffs eilig organisierte Verteidigung der Hügel um Salerno war bezeichnend für die Probleme, mit denen die Alliierten in Italien zu kämpfen hatten. Als sie vom Landekopf aus angriffen, zogen sich die Deutschen vorsichtig zurück, wobei sie

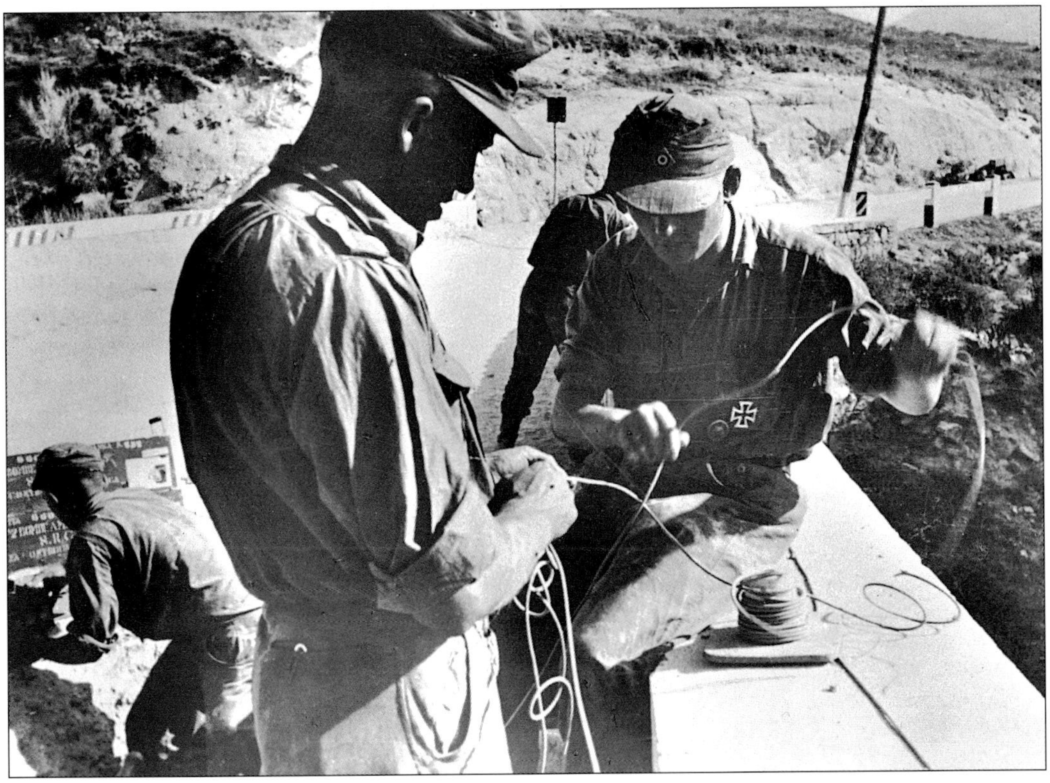

Links: Deutsche Pioniere bei den Vorbereitungen zur Sprengung einer Brücke, um den alliierten Vormarsch zu verzögern (Italien 1944). Der Soldat rechts im Bild trägt das Eiserne Kreuz Erster Klasse sowie ein silbernes Verwundetenabzeichen, beides Auszeichnungen für besondere Tapferkeit im Krieg. Solche Pioniere waren für die Verteidigungskämpfe der Deutschen in Italien unerlässlich.

jedes natürliche und von Menschenhand errichtete Hindernis benutzten, um den Feind so lange wie möglich aufzuhalten. Nur mit Mühe gelang es den Alliierten am 13. Oktober, den Volturno zu überqueren, um jedoch gleich darauf von einem weiteren Fluss - dem Garigliano - gebremst zu werden. Weiter östlich kämpfte die 8. Armee mit ähnlichen Problemen bei der Überquerung der Flüsse Trigno und Sangro.

Die Situation verschlechterte sich mit dem Einsetzen der Herbstregenfälle und der Tatsache, dass die Alliierten sich dem gebirgigen Teil Italiens näherten. Die Deutschen waren zwar ebenso wenig für einen Krieg im Gebirge gerüstet, hatten aber schon in der Vergangenheit bewiesen, dass sie es verstanden, besonders günstige Verteidigungsstellungen auszumachen. Ende Dezember 1943 war der Angriff der Alliierten endgültig festgefahren, was Oberbefehlshaber Kesselring Zeit gab, die erste seiner Hauptverteidigungsstellungen aufzubauen, die sogenannte Gustav-Linie, welche sich von Küste zu Küste durch scheinbar undurchdringliche Gebirgslandschaft erstreckte. Ein Unternehmen, das die Alliierten in der Hoffnung auf einen raschen Sieg begonnen hatten, war nun zu einem erbitterten Zermürbungskrieg geworden.

Die Gustav-Linie war im Westen am stärksten ausgebaut, wobei dem Weg nach Rom durch das Liri-Tal besondere Aufmerksamkeit geschenkt wurde. Einen zentralen Punkt stellte der Monte Cassino dar, der 520 Meter über dem kleinen Städtchen Cassino aufragte und auf dessen Gipfel sich ein Benediktinerkloster befand. Dies war aber nur einer der vielen Verteidigungspunkte der deutschen Wehrmacht. An verschiedenen anderen schwer zu erobernden Bergspitzen rund um den Monte Cassino hatten sich die Truppen des XIV. Panzerkorps unter General Fridolin von Senger und

Rechts: Eine deutsche Infanterieeinheit bei einer kurzen Rast auf ihrem Marsch an die Front (Italien 1944). Der Kradmelder und der Radfahrer agieren als Verbindungsglied zwischen den verschiedenen Truppenverbänden ihrer Einheit. Die Truppe scheint gut ausgerüstet und bereit zum Kampf zu sein.

Links: Ein deutscher Kradmelder bei einer Zigarettenpause mit Mussolini-treuen italienischen Soldaten (1944). Nach der Kapitulation Italiens im September 1943 kämpften einige italienische Einheiten weiterhin auf der Seite der Achsenmächte, während sich die anderen den Alliierten anschlossen.

Rechts: Sobald Hitler von der Kapitulation Italiens erfuhr, ließ er die italienischen Truppen entwaffnen. Dieses Bild, einige Monate später aufgenommen, zeigt deutsche Soldaten, wie sie vor den Augen von italienischen Kriegsgefangenen Kriegsausrüstung abladen. Im Vordergrund auf dem Dreibein ist ein Entfernungsmesser der Artillerie zu sehen.

Unten rechts: Minen stellten wichtige Waffen auf allen Kriegsschauplätzen dar. Besonders häufig wurden sie im Nahkampf in Italien eingesetzt. Dieses Bild zeigt einen deutschen Pionier bei der Vorbereitung einer Schrapnellmine (Smi) 35, indem er den Zünder an den Explosivkörper anschraubt. Die Smi 35 wurde entweder durch Druck auf den Zünder oder durch Zug am Auslösedraht gezündet.

Etterlin verschanzt. Die Bezeichnung »Panzerkorps« war freilich etwas übertrieben, da man nur über wenige Panzer bzw. mobile Kräfte verfügte und somit großteils auf die Infanterie, einschließlich Fallschirmverbände der Luftwaffe, angewiesen war, um die Alliierten aufzuhalten und ihren Truppen Verluste zuzufügen. Und das sollte ihnen auch gelingen.

Der Kampf um Cassino

Der erste der vier großen alliierten Vorstöße rund um Cassino dauerte vom 17. Januar bis zum 11. Februar 1944. Der Zeitpunkt von Clarks Frontalangriff sollte so gewählt werden, dass die Deutschen von der für 22. Januar geplanten Landung der Amphibienfahrzeuge hinter der Gustav-Linie in Anzio abgelenkt wurden. Aufgabe von Clarks X. britischem Korps war es, Brückenköpfe am anderen Ufer des Garigliano zu errichten, während die 34. und 36. Division der Amerikaner dasselbe am Rapido vorhatten. Die beiden Flüsse waren sehr breit und noch dazu durch deutsche Einheiten gut verteidigt, die sich am nördlichen Ufer verschanzt hatten. Von Senger war entschlossen, die Alliierten so lange wie möglich aufzuhalten, während seine Haupttruppen ihre Stellungen nahe Cassino ausbauten - eine Strategie, mit der er durchaus Erfolg hatte. Obwohl es den Alliierten trotz ungünstiger Wetterbedingungen gelang, den Fluss zu überqueren, mussten sie doch beträchtliche Verluste hinnehmen, wodurch Clark gezwungen war, das Unternehmen zu unterbrechen und Verstärkung anzufordern.

Oben: Deutsche Soldaten beschießen mit ihren MG 42 den Feind von einer felsigen Verteidigungsstellung aus (Italien, Sommer 1944). Hier kommen 50-Schuss-Trommelmagazine zum Einsatz, im Gegensatz zu den Patronengurten. Das Terrain ist typisch für die italienische Küstengegend, während die Berge im Landesinneren um einiges höher sind.

Unten: Mussolini-treue italienische Truppen räumen Felsbrocken von der Straße, um dem Panzerkampfwagen III im Hintergrund die Weiterfahrt zu ermöglichen (Herbst 1944). Die Straßenblockade wurde wahrscheinlich von italienischen Partisanen errichtet, denen es oftmals gelang, deutsche Truppen auf ihrem Weg an die Front aufzuhalten.

Unterdessen war die unter dem Codenamen *Shingle* unternommene Landung in Anzio wie geplant gestartet worden. Die Überlegung hinter diesem Unternehmen war einfach: Wenn es gelang, alliierte Truppen hinter der Gustav-Linie an Land zu bringen, wären die Deutschen von der Einkesselung bedroht, denn ein gleichzeitiger Angriff vom Süden würde Senger zwingen, sich zurückzuziehen und den Weg nach Rom freizugeben. In der Praxis sah dies dann allerdings ganz anders aus.

Am 22. Januar 1944 konnten die Truppen der britischen 1. und der amerikanischen 3. Division, die zusammen die Angriffsspitze des VI. US-Korps unter Generalmajor John P. Lucas bildeten, ungehindert landen, unternahmen aber keinen Vorstoß, sondern begnügten sich mit dem Ausbau des Landekopfes. Für kurze Zeit

Oben: Die Bedienungsmannschaft eines Sturmgeschützes (StuG) III eröffnet das Feuer auf angreifende Panzer der Alliierten (Mittelitalien 1944). Wegen ihrer niedrigen Höhe bewährten sich die StuGs besonders bei Hinterhalten; hier jedoch ungeschützt mitten im Kampfgetümmel. Die Staubwolken sollten jedoch die Flucht möglich machen.

war der Weg nach Rom frei, aber die Chance blieb ungenützt. Truppen der 14. Armee unter General Eberhard von Mackensen wurden eiligst in den Raum Anzio gebracht, was wieder einmal demonstrierte, dass die Wehrmacht nichts von ihrer Flexibilität und Mobilität eingebüßt hatte. Rasch wurden die Verteidigungsstellungen ausgebaut, sodass die Alliierten an ihrem Landekopf isoliert waren. Was als ein strategisch geschicktes Einkesselungsmanöver begonnen hatte, entwickelte sich bald zu einer erbitterten und verlustreichen Schlacht.

Am 30. Januar beschloß Generalmajor Lucas schließlich, einen Zangenangriff von Cisterna und Campoleone aus zu unternehmen. Seine Truppen hatten gegen harten Widerstand zu kämpfen, teilweise mussten sie sogar Territorialverluste hinnehmen; so am 16. Februar, als von Mackensen einen Gegenangriff startete, der von Panzern angeführt wurde und der einen fast bist zur Küste reichenden Keil zwischen den britischen und den amerikanischen Sektor trieb. Nur durch alliierte Luftangriffe und Unterstützung durch Seestreitkräfte konnte eine empfindliche Niederlage verhindert werden. Der Plan war jedoch offensichtlich gescheitert. Generalmajor Lucas wurde durch Generalmajor Lucien K. Truscott

Oben: Deutsche Gebirgsjäger vor einem besonders malerischen Hintergrund (Norditalien 1945). Die Soldaten sitzen auf einem italienischen L6/40-Geschütz mit Eigenantrieb, das, obwohl veraltet, einer Truppeneinheit doch eine gewisse mobile Feuerkraft verlieh. Wahrscheinlich wurde das Geschütz von einer italienischen Einheit konfisziert.

ersetzt, wenngleich die Chancen auf einen wirklichen Umschwung als relativ gering eingeschätzt wurden. Die Wehrmacht hatte sich als geschickter Verteidiger erwiesen.

Die deutsche Verteidigung rund um Cassino wurde weiter verstärkt, sodass die Berge sich in wahre Festungen verwandelt hatten. Während von Senger bewusst keine Einheiten im historischen Benediktinerkloster positioniert hatte, nahmen seine Fallschirmverbände starke Stellungen in der Stadt Cassino und den umliegenden Hügeln ein. Am 15. Februar 1944 ließ Clark als Auftakt zu einem erneuten Angriff, der sogenannten »Schlacht am Monte Cassino«, das Kloster bombardieren, das er von den Deutschen verteidigt glaubte. Danach startete das Neuseeland-Korps einen direkten Angriff, während französische Einheiten nach Norden vorstießen, um am Monte Belvedere anzugreifen.

Nachdem von Senger durch den Bombenangriff der Alliierten von der Verantwortung befreit war, das nun zerbombte Kloster zu verschonen, erweiterte er seine Linie um dieses Terrain und setzte seine wenigen Panzer gegen die Neuseeländer ein. Am 20. Februar wurde der Angriff der Alliierten abgebrochen, nachdem die erwarteten Erfolge ausgeblieben waren.

Dasselbe geschah einen Monat später im Zuge eines weiteren alliierten Großangriffs bei Cassino. Alliierte Bomber legten die Stadt Cassino am 15. März in Schutt und Asche, bevor Clark die neuseeländischen Truppen wieder zum Angriff schickte. Doch auch diesmal war der Erfolg gering. Die einzigen Gewinne konnten in den umliegenden Hügeln erzielt werden, wo alliierte Truppen einen zähen Kampf um jeden Zentimeter gegen die deutschen Soldaten und Fallschirmverbände führten, die entschlossen waren, den Alliierten größtmögliche Verluste zuzufügen. Am 25. März wurden die Kampfhandlungen erneut abgebrochen.

Durchbruch der Alliierten

Mittlerweile war klar, dass die Alliierten eine so verlustreiche Pattstellung nur überwinden konnten, indem sie ihre ganze waffen- und zahlenmäßige Überlegenheit in die Waagschale warfen. Dies zeigte, wie sehr sich die Kriegführung seit den Erfolgen der Deutschen in den Blitzfeldzügen von 1940 geändert hatte. Im vierten und entscheidenden Vorstoß bei Cassino am 11.

Mai 1944 setzte Clark alle verfügbaren Luft und Artilleriewaffen ein, um die Stellungen der Deutschen zu zerstören. Erst dann schickte er seine kompletten Bodentruppen ins Feld - und diesmal mit Erfolg. Obwohl von Sengers Soldaten ihnen, wie erwartet, erbitterte Gegenwehr boten, waren die erschöpften Deutschen nicht mehr in der Lage, dem Druck standzuhalten.

Am 18. Mai nahmen polnische Truppen schließlich die Ruinen des Klosters ein, und wenig später brach die Verteidigung des Feindes zusammen. Dies wiederum ermöglichte es den Einheiten in Anzio, einen Vorstoß zu unternehmen, worauf sie am 26. Mai mit den anderen Truppen der 5. Armee zusammentrafen. Rom fiel schließlich am 4. Juni 1944.

Der Rückzug der Deutschen ging jedoch völlig geordnet vonstatten. Als die 14. Armee unter Mackensen - mit von Vietinghoffs 10. Armee zu seiner Linken - sich zurückzog, wurden vorher Brücken zerstört, Straßen vermint und Hinterhalte gelegt. Ziel der Wehrmacht war es, wie schon zuvor, die Alliierten so lange wie möglich aufzuhalten, damit Verteidigungsstellungen weiter im Norden aufgebaut werden konnten. Diesmal ging es um die Apennin-Stellung, die sogenannte »Goten-Linie«, die sich über insgesamt 320 km erstreckte, wobei sie südlich von La Spezia begann und über den Apennin bis nach Pesaro im Osten reichte.

Die ersten Abwehrstellungen hatte man bereits 1943 zu bauen begonnen, als die Deutschen sich gerade aus Sizilien zurückzogen. Kesselring wusste aber, dass seine Stellungen umso stärker sein würden, je länger er die Alliierten aufhalten konnte. Außerdem erwartete er Verstärkung von der Ostfront - ein Versprechen, das Hitler angesichts der Verwundbarkeit der südlichen Flanke gegeben hatte. Die Tatsache, dass die Alliierten am 6. Juni 1944 eine weitere, noch gefährlichere Front in der Normandie eröffneten, verschlimmerte die Lage allerdings beträchtlich.

Kesselring gelang es tatsächlich, Zeit zu gewinnen, um die Goten-Linie zu vervollständigen - hauptsächlich deshalb, weil die Alliierten bei ihrem Vormarsch nördlich von Rom und entlang der Ostküste Italiens auf erhebliche Gegenwehr stießen. Trotz eines anfänglichen Vorstoßes von fast 140 km im Juni 1944 wurden die amerikanischen und britischen Truppen bald durch immer heftigeren Widerstand gestoppt, und es gelang ihnen nicht, jene Stoßkraft zu entwickeln, die die deutschen Stellungen wahrscheinlich zu Fall gebracht hätte.

Im August und September des Jahres 1944 unternahmen die 5. und 8. Armee der Alliierten eine Reihe von Angriffen, die der Goten-Linie schwer zusetzten. Im Oktober wurde dieser Vormarsch jedoch durch die gewohnt schweren Regenfälle unterbrochen, die den Untergrund in Schlamm und Morast verwandelten und dadurch weitere Operationen unmöglich machten.

Unten: Eine deutsche Artillerieeinheit im Gebirge (Mittelitalien, Ende 1944). Das Terrain eignet sich hervorragend für einen Verteidigungskrieg. Der Soldat im Vordergrund trägt einen italienischen 6,5-mm-Mannlicher-Carcano-Karabiner mit Klappbajonett, der von den Deutschen als Karabiner 409 (I) bezeichnet wurde.

K A P I T E L 1 0

DEBAKEL IM WESTEN

Am 6. Juni 1944 landeten die Alliierten in der Normandie. Unter dem massiven Ansturm von Soldaten, Panzern und Kampfflugzeugen ging die Wehrmacht schließlich in die Knie und musste sich bald an die Grenzen ihres eigenen Landes zurückziehen.

Links: Generalleutnant Karl von Schlieben kapituliert vor der 9. US-Infanteriedivision (Cherbourg, 26. Juni 1944).

Oben: Feldmarschall Erwin Rommel (links), der Befehlshaber der Heeresgruppe B in Frankreich, inspiziert den »Atlantikwall« (1944).

Während die Wehrmacht im Sommer 1944 in erbitterte Kämpfe in Italien und an der Ostfront verwickelt war, tauchte eine neue Gefahr für Deutschland auf. Am 6. Juni unternahmen alliierte Truppen unter dem Oberbefehl von General Dwight D. Eisenhower einen See und Luftlandeangriff auf die Küste der Normandie. Ziel war es, die Deutschen im Westen zu besiegen und dann einen Durchbruch nach Berlin zu starten. Für die Wehrmacht begann die Lage immer aussichtsloser zu werden. Eine dritte Front in Europa erhöhte nicht nur den Druck, sondern machte es auch nötig, dass sich die Wehrmacht auf alle Fronten aufteilte, was wiederum die Truppenstärke spürbar minderte. Die deutschen Truppen waren rein zahlenmäßig immer weniger in der Lage, der wachsenden Bedrohung zu begegnen. Ende des Jahres 1944 kämpften mehr als zehn Millionen Soldaten in deutschen Uniformen, von denen ein guter Teil aus besetzten Gebieten rekrutiert worden waren; es gab jedoch kaum noch Reserven. Die Rüstungsindustrie erreichte ebenfalls allmählich die Grenzen ihrer Möglichkeiten. Bald würde sich die Wehrmacht

Oben: Rommel (rechts) mit dem Interimsstock in seiner Rechten, dekoriert mit dem Orden »Pour le Mérite« und dem Ritterkreuz mit Eichenlaub und Schwertern, inspiziert eine deutsche Einheit in Frankreich (Frühling 1944). Es sind nur noch wenige Wochen bis zur Invasion der Alliierten in der Normandie. Diese Soldaten wirken durchaus kampfbereit.

Rechts: Feldmarschall Gerd von Rundstedt (1875 bis 1953), der Oberbefehlshaber West, inspiziert mit einigen Offizieren die Verteidigungslinien entlang der französischen Küste (1944). Von Rundstedt war überzeugt, dass die Alliierten am Pas-de-Calais landen würden.

ausschließlich auf die Verteidigung Deutschlands beschränken müssen bzw. um das bloße Überleben kämpfen.

Fehler der Deutschen vor dem »D-Day«

Die Invasion der Alliierten in der Normandie war teilweise deshalb erfolgreich, weil Hitler überzeugt war, dass sie ein Ablenkungsmanöver sei und der eigentliche Angriff weiter nördlich entlang der französischen Küste am Pas-de-Calais erfolgen würde. Die Streitkräfte zur Verteidigung der Normandie waren daher keineswegs die besten. Eine Ausnahme bildete hier die frisch von der Ostfront kommende 352. Division, der Rest bestand aus eher mittelmäßigen Truppen. Die Panzerreserve allerdings, die vielleicht eine entscheidende Rolle hätte spielen können, wurde zurückgehalten, bis es zu spät war. Und trotz alledem wurden die Alliierten daran gehindert, alle Ziele zu erreichen, die sie sich für den Beginn ihrer Europa-Offensive vorgenommen

Oben: Alle verfügbaren Waffen wurden zum Ausbau der Verteidigung an den »Atlantikwall« geschickt. Wegen der heftigen Kämpfe an der Ostfront konnte jedoch nur zweitklassige Ausrüstung entbehrt werden, wie dieses tschechische Modell einer leichten Feldhaubitze 30 (10 cm).

Unten: Nach der völlig misslungenen Landung am 19. August 1942 werden kanadische Truppen an der Küste von Dieppe gefangen genommen. Bei diesem Manöver verloren die Alliierten über 1000 Mann, doch waren die Erfahrungen aus dieser Niederlage hilfreich bei der Planung der Invasion in der Normandie.

hatten. Dies gab Hitler die Möglichkeit, Reserveeinheiten in die Normandie zu beordern, während die dort stationierten Truppen Zeit fanden, um wirksame Verteidigungsstellungen aufzubauen, wobei ihnen die landschaftlichen Gegebenheiten sehr entgegenkamen; und dass die Wehrmacht es verstand, das Gelände für ihre Zwecke zu nutzen, das hatte sie schon in der Vergangenheit wiederholt bewiesen. Das Hinterland des Küstengebietes, bekannt als »Bocage«, bot nämlich zusammen mit sumpfigen Flussmündungen und den ringsum verstreuten Dörfern eine einzigartige Gelegenheit, die Alliierten in ihrem Vormarsch aufzuhalten.

Dies war allerdings kein leichtes Unterfangen, besaßen die Alliierten doch die totale Kontrolle über den Luftraum, was jede Truppenbewegung der Deutschen bei Tag zu einem gefährlichen und oft auch sehr verlustreichen Unternehmen machte. Die Erfahrungen von der Ostfront bzw. von Italien, wo die Verzögerungstaktik immer häufiger angewendet werden musste,

Links: In den Straßen von Cherbourg bringen deutsche Kanoniere ihre leichte Feldhaubitze leFH 18/40 in Position (Juni 1944). Bei dem Geschütz handelt es sich um eine verbesserte Ausführung der herkömmlichen 10,5-cm-leFH 18 mit einem modifizierten Rückstoßsystem und einer Mündungsbremse.

Unten: Deutsche Soldaten bei der Errichtung einer Verteidigungsstellung in der Normandie (1944). Obwohl die 7,5-cm-Panzerjägerkanone 40 getarnt ist, lässt die schlechte Wahl der Position eher auf eine Übung vor der Invasion der Alliierten schließen. Trotzdem müssen sich die Männer vor Luftangriffen vorsehen.

halfen der Wehrmacht allerdings, das Kräfteverhältnis wieder annähernd auszugleichen. Die Normandie versprach Schauplatz eines äußerst zähen Kampfes zu werden.

Zu Beginn konzentrierten sich die Alliierten darauf, ihren Landekopf abzusichern, wogegen die Deutschen wenig unternehmen konnten. Am 12. Juni waren die fünf Landeabschnitte - »Utah« und »Omaha« im Westen sowie »Gold«, »Juno« und »Sword« im Osten - durch alliierte Einheiten verbunden. Der einzige deutsche Gegenangriff hatte am 6. Juni stattgefunden, als die 21. Panzerdivision von Caen aus vorstieß, aber durch alliierte Schiffsartillerie bald gestoppt wurde. Diese Tatsache bewog den Oberbefehlshaber West, Feldmarschall von Rundstedt, dazu, Reserveeinheiten anzufordern, um den Landekopf in Schach zu halten.

Trotz wiederholter Anschläge auf die französische Eisenbahn und das Straßenverkehrsnetz durch die Résistance sowie durch alliierte Luftangriffe war von Rundstedt teilweise erfolgreich. Ein Versuch der Briten, in eine vermeintliche Verteidigungslücke bei Villers-Bocage zu stoßen, wurde am 13. Juni durch Einheiten der

Oben: Deutsche Soldaten tragen einen verwundeten Kameraden in ein nahegelegenes Feldlazarett (Normandie, Juli 1944). Die Unübersichtlichkeit des Geländes kommt in diesem Bild gut zum Ausdruck. Die schmalen Feldwege der Bocages waren ein hervorragendes Hindernis gegen die angreifenden alliierten Truppen.

I. SS-Panzerdivision gestoppt, als Obersturmführer Michael Wittmann die Angriffsspitze der britischen 7. Panzerdivision praktisch im Alleingang zurückwarf.

Die Kapazität der Wehrmacht hatte jedoch ihre Grenzen. Die Reserveeinheiten konzentrierten sich auf die Briten um Caen, das einen Knotenpunkt wichtiger Nachschublinien darstellte, aber darüber hinaus gab es kaum Soldaten, die man weiter nach Westen gegen die Amerikaner hätte schicken können. Diesen gelang es, am 18. Juni die Halbinsel Cotentin zu durchqueren und elf Tage später Cherbourg einzunehmen.

Trotz dieses Erfolges kamen die Alliierten jedoch kaum voran. Kleine deutsche Einheiten, die oft nur aus einem einzigen Panzer oder einer Panzerabwehrkanone samt Infanterie bestanden,

Oben: Ein Panzer des Typs IV (Ausführung G) in einer Verteidigungsstellung in einer kleinen Stadt in der Normandie (Juli 1944). Der Baum bietet zwar Schutz vor der alliierten Luftüberwachung, aber die hastig aufgeschichteten Zweige und Fensterläden sind kaum geeignet, um den Panzer vor angreifenden Bodentruppen zu verbergen.

nützten die Gegebenheiten der unübersichtlichen Bocages optimal aus und verteidigten das Terrain, das aus unzähligen, von hohen Hecken eingegrenzten Feldern bestand, sodass sie einen Vormarsch der Alliierten zunächst verhindern konnten. General Montgomery, der die alliierten Landstreitkräfte befehligte, bis Eisenhower Anfang September in Frankreich eintraf, unternahm einige sorgfältig geplante Angriffe bei Caen, um den Amerikanern die Möglichkeit zu geben, aus ihrem Sektor auszubrechen, aber auch, um einzelne deutsche Einheiten in einem Zermürbungskrieg aufzureiben.

Ende Juni nahm das britische VIII. Korps das Odon-Tal in *Operation Epsom* ein; Mitte Juli zog Montgomery seine Panzerdivisionen zusammen, um in *Operation Goodwood* einen Vorstoß zu starten, wobei Caen im Osten umgangen werden sollte. In beiden Fällen bekamen die Briten genügend Feuerschutz, sowohl von der Artillerie als auch von Kampfflugzeugen und sogar von Kriegsschiffen. In beiden Fällen mussten sie aber beträchtliche Verluste bei nur geringem Territorialgewinn hinnehmen.

Die deutschen Einheiten, die in ihren eingegrabenen Stellungen dem ärgsten Beschuss standhielten, konnten sogar teilweise ihre Kampfkraft beibehalten. Unterstützt wurden sie dabei durch neue Waffen, von denen viele für genau diese Art von Verteidungskämpfen an der Ostfront entwickelt worden waren. Die Panther- und Tiger-Panzer erwiesen sich den alliierten Panzern in jeder Hinsicht als überlegen, und die 8,8-cm-Fliegerabwehrkanone, die vor allem für die Panzerabwehr eingesetzt wurde, war immer noch eine äußerst wirkungsvolle Waffe.

Weiters hatte die Infanterie die Möglichkeit, den Feind mit ihren MG 42 und den sechsrohrigen Nebelwerfern unter Dauerbeschuss zu nehmen, wodurch feindliche Angriffe rasch zurückgeworfen werden konnten. So verloren die Briten in der zwei Tage dauernden *Operation Goodwood* mehr als 400 Panzer, wobei die erbitterte Schlacht durch schlechte Kooperation zwischen den einzelnen Armeeteilen sowie durch widersprüchliche Befehle innerhalb Montgomerys Panzerdivisionen geprägt war - es fehlte mit einem Wort an jener Fähigkeit zur mobilen Kriegführung, wie sie die Wehrmacht bereits 1940 praktiziert hatte und nun, vier Jahre später, auch in der Verteidigung wieder einsetzte.

In einem Punkt war Montgomery aber erfolgreich: in die Kämpfe rund um Caen wurden auch deutsche Reservetruppen involviert, wodurch die Amerikaner relativ ungehindert ihre Vorbereitungen für einen Vorstoß im Westen abschließen konnten. Generalleutnant Omar Bradley, der den amerikanischen Sektor

Rechts: Im Sommer 1944 haben die Alliierten die totale Kontrolle über den Luftraum über der Normandie inne. Dadurch sind die deutschen Truppen gezwungen, sich bei Tageslicht mit äußerster Vorsicht zu bewegen. Eine Möglichkeit ist es, sich in einem Deckungsloch zu verschanzen, das von oben kaum zu erkennen ist. Dieser junge Soldat dürfte fürs erste sicher sein.

Unten: Auf einer schmalen Straße in der Normandie wird ein Panzer des Typs II, gefolgt von Nachschubfahrzeugen, an einem hängengebliebenen Tiger-Panzer vorbeigeschleust (1944). Drei schwere Zugkraftwagen (sZgkw 18 to; SdKfz 9, einer davon im Bild) sind nötig, um den Panzer aus dem Graben zu ziehen. Allerdings ist in einer solchen Situation die Gefahr eines Luftangriffs relativ groß.

befehligte, plante einen generellen Vorstoß auf eine Linie, die von Coutances bis Saint-Lô verlief, ehe ein gemeinsamer Angriff auf Avranches gestartet werden sollte. Seine Truppen trafen zwar auf weniger Widerstand als die Engländer und Kanadier im Osten, aber das Terrain und die Wetterverhältnisse waren äußerst schlecht, und außerdem verschanzten sich die Deutschen hinter gut gesicherten Verteidigungsstellungen. Es gelang zwar teilweise, sie mittels massiver Luftangriffe aus ihren Stellungen zu treiben, sodass *Operation Cobra* wie geplant am 25. Juli beginnen konnte, aber der Vorstoß konnte nur mit großer Mühe in Schwung gebracht werden. Erst am 28. Juli konnte Coutances eingenommen werden, gefolgt von Avranches zwei Tage später. In diesen Kämpfen verloren die Deutschen 100 kostbare Panzer.

Zu diesem Zeitpunkt war die Wehrmacht in der Normandie bereits dem Zusammenbruch nahe - teilweise aufgrund des unnachgiebigen Drucks der Alliierten auf beiden Flanken und zum Teil auch wegen einer Reihe von Veränderungen innerhalb der Wehrmacht selbst. Am 1. Juli wurde von Rundstedt auf Hitlers Befehl hin durch Feldmarschall von Kluge abgelöst; am 17. Juli wurde Feldmarschall Rommel, der die Heeresgruppe B in der

Angesichts dieser Probleme und der Tatsache, dass die Alliierten der Wehrmacht sowohl zahlenmäßig als auch materialmäßig überlegen waren, konnte es über den Sieger der Schlacht um die Normandie wohl keinen Zweifel geben. Sobald Avranches in amerikanischer Hand war, konnte die gerade eingetroffene 3. US-Armee unter Generalleutnant George S. Patton rasch in das Landesinnere vordringen, ehe sie nordwestlich zu den Ufern der Seine abdrehte und die Deutschen um Caen dadurch einzukesseln drohte. Durch Angriffe der englischen und kanadischen Truppen aus Caen und Falaise am Vorwärtskommen gehindert, fand sich der Großteil der deutschen 7. Armee zusammen mit Teilen der 5. Panzerarmee bald von allen Seiten umringt und mußte in dem später als »Kesselschlacht von Falaise« bezeichneten Gefecht schwere Verluste hinnehmen. In dem Kessel, der sich am 20. August 1944 schloss, waren etwa 60.000 Wehrmachtssoldaten mit tausenden Fahrzeugen und 500 Panzerfahrzeugen gefangen. Nur ein geringer Teil konnte rechtzeitig entkommen; mehr als 10.000 deutsche Soldaten fielen den Luft- und Artillerieangriffen zum Opfer, ehe sich der Rest ergab.

Frankreich wird befreit

Zur gleichen Zeit hatten die Alliierten in *Operation Dragoon* noch eine weitere Front eröffnet, nämlich einen mit Amphibienfahrzeugen und Luftlandetruppen durchgeführten Angriff auf die Küste von Südfrankreich, welchem ein rascher, auf wenig Widerstand stoßender Vorstoß auf das Rhonetal folgte. Im Norden

Links: Deutsche Kanoniere während der Invasion der Alliierten in Südfrankreich im August 1944. Mit aller Kraft halten die Männer den Lafettenschwanz der leichten Feldhaubitze (10,5 cm) 18/40 nieder, die vom Pier aus abgefeuert wird. Der Rückstoß muß enorm sein.

Unten: Soldaten verladen 8,8-cm-Raketenpanzerbüchsen 54 in ein getarntes Befehlsfahrzeug (Normandie, Juli 1944). Die RPzB 54, bekannt als »Panzerschreck«, hatte einen gewaltigen Zerstörungseffekt. In der Normandie erwies sie sich als ideale Verteidigungswaffe.

Normandie befehligte, bei einem Luftangriff schwer verletzt und musste in die Heimat geschickt werden.

Drei Tage später, am 20. Juli, überlebte Hitler nur durch Zufall eine Bombenexplosion in seinem Hauptquartier in Rastenburg. Als er erfuhr, dass der Anschlag auf einer Verschwörung von unzufriedenen Heeresoffizieren beruhte, ließ er eine Säuberungsaktion durchführen, in welcher eine Reihe von hochrangigen Befehlshabern beseitigt wurden. Der durch die hohen Verluste an allen Fronten entstandene Mangel an fähigen Offizieren wurde dadurch nur noch verstärkt.

Oben: Ein amerikanischer Soldat (links) betrachtet die Überreste einer deutschen Fahrzeugkolonne, die einem alliierten Luftangriff zum Opfer fiel (Kessel von Falaise, August 1944). Die Trümmer wurden beiseite geräumt, um die Straße freizumachen. Die gefallenen Soldaten müssen allerdings noch begraben werden.

des Landes wurde schließlich am 25. August Paris befreit. Im Zuge ihres weiteren Vormarsches durch Belgien und an die deutsche Grenze, wo die alliierten Truppen mit den Streitkräften der *Dragoon*-Invasion zusammentrafen, wurden auch die restlichen besetzten Landesteile befreit.

Obwohl die Wehrmacht nun dem völligen Zusammenbruch nahe war, schaffte sie es dennoch, wie schon des öfteren zuvor, sich relativ rasch zu erholen. Bei ihrem Vormarsch überdehnten die Alliierten ihre Versorgungslinien und stießen außerdem auf immer erbitterteren Widerstand, je näher sie der deutschen Grenze kamen. Darüber hinaus begann das Wetter umzuschlagen, sodass ein weiteres Vorankommen an den starken Regenfällen und dem schlammigen Boden zu scheitern drohte. Montgomery, der nun die 21. Heeresgruppe befehligte, konnte Eisenhower von der Notwendigkeit einer Luftlandeoperation in seinem Sektor überzeugen, um strategisch wichtige Brücken in Südholland zu

Links: Ein anschauliches Bild vom rauen Kriegsalltag: ein deutscher Soldat nützt die Kampfpause, um einen Apfel zu essen, den er zuvor in einer Obstplantage gepflückt hat (Normandie, August 1944). Sein starrer Blick verrät die Anspannung eines langen Krieges.

Rechts: Als es den Amerikanern gelungen war, aus ihrem Landekopf in der Normandie auszubrechen, mussten sich die Deutschen zurückziehen. Die schlechten Wetterbedingungen sowie Nachschubprobleme der Alliierten ermöglichten es den Deutschen jedoch, sich wieder zu konsolidieren (Normandie, August 1944).

Oben: 7,5-cm-Granaten werden von einem Nachschubtransporter auf ein Sturmgeschütz (StuG) IV (SdKfz 163) verladen (Mortain, Normandie, August 1944). Hitler befahl seinen Panzerdivisionen Anfang August, einen Gegenangriff gegen den Vorstoß der Amerikaner zu unternehmen, um deren Linien bei Mortain zu durchbrechen. Das Manöver misslang jedoch und verschlang wertvolle Ressourcen.

Links: Deutsche Infanteristen positionieren ihren 8-cm-Granatwerfer 34 im Hinterland der Normandie (Juli 1944). In den Händen einer erfahrenen Bedienungsmannschaft erwies sich der 8-cm-GrW 34 als eine verlässliche und präzise Waffe mit einer Feuergeschwindigkeit von bis zu 25 Schuß / min. In der Normandie war diese Waffe besonders wirkungsvoll.

Rechts: Britische Soldaten, die im Zuge der Operation »Epsom« Ende Juli 1944 den Deutschen in die Hände gefallen sind, marschieren in die Kriegsgefangenschaft. Sie waren in heftige Kämpfe verwickelt, bevor britische Kommandeure in der Normandie die Operation abbrachen, nachdem sie durch entzifferte Enigma-Funksprüche erfahren hatten, dass bereits beträchtliche Truppenverstärkung der Deutschen unterwegs war.

Oben: Drei deutsche Soldaten, Überlebende der Kesselschlacht von Falaise (August 1944). Ihr Blick sagt alles - sie haben Tod und Zerstörung in furchtbarem Ausmaß mitansehen müssen, als alliierte Jagdbomber und Artillerie die eingeschlossenen Truppen der deutschen 7. Armee in der Normandie unter Beschuss nahmen. Mehr als 10.000 ihrer Kameraden fanden den Tod.

besetzen, die dann durch Bodenstreitkräfte verbunden werden sollten.

Doch diese *Operation Market Garden* brachte nicht den gewünschten Erfolg. Während es den amerikanischen Luftlandetruppen gelang, starke Brückenköpfe am Wilhelmina-Kanal nördlich von Eindhoven sowie an den Ufern von Maas und Waal in Grave bzw. Nijmegen zu errichten, konnte die britische 1. Luftlandedivision die Brücken über den Rhein bei Arnheim nicht besetzen, zumal das II. SS-Panzerkorps, das sich aus der Normandie in den Raum Arnheim zurückgezogen hatte, erfolgreich Widerstand leistete und damit eine Vereinigung mit Einheiten des britischen XXX. Korps verhinderte.

Eisenhowers breite Front

Als diese Schlacht schließlich Ende September vorüber war, bestand Eisenhower auf einem besser geplanten Vorstoß gegen die deutsche Grenze und in der Folge gegen die deutsche Barriere am Rhein. Aufgrund der Herbstregenfälle und der sich daraus ergebenden Manövrierunfähigkeit der Alliierten hatte die Wehrmacht Zeit, sich von den Gefechten zu erholen. Im November 1944 schien der Kampf im Westen vorübergehend zum Stillstand gekommen zu sein. Die meisten alliierten Kommandeure sprachen sich für einen neuen Vorstoß im Frühling aus. Inzwischen versuchte die Wehrmacht verzweifelt, die letzten Reserven zu mobilisieren, um damit ihre Verluste so gut wie möglich abzudecken.

Die Alliierten unterschätzten den Feind. Schon im September hatte Hitler erkannt, dass die beiden US-Armeen, aus denen sich General Bradleys 12. US-Heeresgruppe zusammensetzte, auf divergierenden Linien vorwärtsmarschierten, die von den schwach befestigten Ardennen getrennt waren. In dem verzweifelten Versuch, den Vormarsch der Alliierten im Westen aufzuhalten, um dann alle Reserven in den Osten zu verlegen, wo die Sowjets offensichtlich über grenzenlose Kapazitäten verfügten, plante Hitler nun, mit starken Panzerformationen durch die Ardennen durchzubrechen, die Maas zu überqueren, wie dies schon 1940 geschehen war, und schließlich Brüssel und Antwerpen zurückzuerobern.

Dieses Manöver sollte die alliierten Armeen aufspalten und Eisenhower in die Defensive zwingen, was wiederum den Angriff auf Deutschland vom Westen her verzögern würde. Das *Unternehmen Wacht am Rhein* wurde unter größter Geheimhaltung vorbereitet, einerseits um das Überraschungsmoment zu erhalten und andererseits, weil Hitler nur noch ganz wenigen seiner Befehlshaber vertraute. Das Unternehmen wurde für Mitte Dezember geplant, wenn die Kampfflugzeuge der Alliierten aufgrund des anhaltenden Schlechtwetters im Winter nicht einsatzfähig sein würden und damit die Panzer zumindest eine Chance auf Erfolg hatten.

Am 15. Dezember waren insgesamt 25 Divisionen - zehn von ihnen mit Panzern - in dem Gebiet zwischen dem Hohen Venn in der Eifel und Echternach im Norden Luxemburgs aufmarschiert; 275.000 deutsche Soldaten und beinahe 1000 Panzerfahrzeuge standen nun weniger als 83.000 Amerikanern mit 420 Panzern gegenüber.

Die Ardennen-Offensive

Der Angriff am 16. Dezember kam für die Alliierten völlig überraschend. Da Lufteinsätze wegen des Schlechtwetters unmöglich waren, konnten die Amerikaner die deutsche Offensive nicht aufhalten, wenngleich es einzelnen Gruppen gelang, den deutschen Vormarsch zumindest etwas abzubremsen. Die SS-»Kampfgruppe Peiper«, welche die Offensive im Norden

Unten links: Deutsche Gebirgsjäger bei der Rast in einem Weinberg in Südfrankreich - vor dem Angriff auf die in Operation »Dragoon« gelandeten Alliierten (August 1944). Die gerade aus Italien gekommenen Soldaten wissen, daß sie dem alliierten Vormarsch nur wenig entgegensetzen können.

Unten: Demoralisierte Infanterietruppen in Nordfrankreich ziehen sich vor den anstürmenden Alliierten zurück. Der Panzer des Typs V (Panther) deckt ihren Rückzug, wobei ihm die dichte Wolkendecke sehr gelegen kommt, da bei diesem Wetter keine alliierten Luftangriffe zu erwarten sind.

Links: Von ihrer Stellung in den Ausläufern der französischen Alpen halten deutsche Gebirgsjäger Ausschau nach alliierten Fliegern (August 1944). Ihr Maschinengewehr ist auf einem leichten Dreibein montiert. Man beachte das Edelweiß-Abzeichen auf der Gebirgsmütze des Soldaten rechts im Bild.

Oben rechts: Eine gut getarnte leichte Fliegerabwehrkanone bietet diesen Soldaten in ihren Gräben einigen Schutz (Saarland, Herbst 1944). Das Bild erinnert an die Zeiten des Ersten Weltkrieges - es fehlt nur der Schlamm, der damals den Soldaten an der Westfront zu schaffen machte. Doch auch in diesem Fall sollte das Gelände sich bald in eine Schlammwüste verwandeln.

Unten rechts: Mit gewaltiger Feuerkraft werden die Alliierten an der Saar empfangen (Herbst 1944). Bei dem Maschinengewehr handelt es sich um ein MG 42, dahinter lauert eine 7,5-cm-Panzerjägerkanone 40. Beide sind kampfbereit. Das Bild ist offensichtlich gestellt, doch es zeigt, dass die Wehrmacht sogar zu diesem späten Zeitpunkt noch über einige Durchschlagskraft verfügte.

Rechts: Die vier Soldaten, die die Bedienungsmannschaft eines 8-cm-Mörsers (Granatwerfer) 34 bilden, schützen sich vor dem Lärm der abgeschossenen Granate. Der Soldat im Vordergrund greift bereits nach der nächsten Granate, um den amerikanischen Stellungen keine Atempause zu gönnen (Ardennen, Dezember 1944).

Unten: Deutsche Nachschubfahrzeuge kämpfen sich durch den Schnee, um die Offensive in den Ardennen zu unterstützen (Dezember 1944). Die Szenerie auf diesem Bild mag malerisch erscheinen, doch die bittere Wirklichkeit für die Wehrmacht war, dass sie zu diesem Zeitpunkt längst nicht mehr in der Lage war, die Truppen an der Front ausreichend zu versorgen.

anführte, erzielte entlang des Amblève-Tales beträchtliche Fortschritte, während Teile der wiederhergestellten 5. Panzerarmee die Einheiten der Amerikaner südlich der Schneifel überrollten, wobei sie so wichtige Straßenknotenpunkte wie Saint-Vith und Bastogne einzunehmen drohten. Aber der Erfolg war nur von kurzer Dauer.

Im Gegensatz zu den alliierten Befehlshabern vier Jahre zuvor behielt Eisenhower kühlen Kopf. Er plante, den deutschen Vormarsch dadurch zu stoppen, dass er den Feind durch rasch zusammengezogene Reserveeinheiten von Norden und Süden in die Zange nahm.

»Wacht am Rhein« scheitert

Saint-Vith konnte bis 21. Dezember dem deutschen Ansturm standhalten. Bis dahin hatte Eisenhower jedoch Reserveeinheiten entlang der nördlichen Flanke aufgestellt und Patton im Süden beauftragt, Bastogne zu Hilfe zu eilen, das von Einkesselung und Belagerung bedroht war. Am 26. Dezember durchbrach Patton die feindliche Front und stellte die Verbindung mit dem belagerten Bastogne her.

Als alliierte Divisionen die deutsche Frontausbuchtung von Norden und Süden her angriffen - die Zange schloss sich am 15. Januar 1945 bei Houffalize -, war Hitler gezwungen, seine arg mitgenommenen Truppen zurückzuziehen. Die Wehrmacht hatte mehr als 120.000 Mann samt Waffen und Ausrüstung verloren. Hitlers Offensive hatte somit das Gegenteil von dem bewirkt, was sie bezweckt hatte.

Rechts: Die Deutschen sind zur Gegenattacke in den schwach verteidigten Ardennen gerüstet. Ein Späher verwendet seinen Spezialfeldstecher, um die Lage noch einmal zu überprüfen. Der Feldstecher ist so getarnt, dass er sich nicht von den umliegenden Felsen abhebt. Alles ist ruhig die Amerikaner erwartet ein Überraschungsangriff.

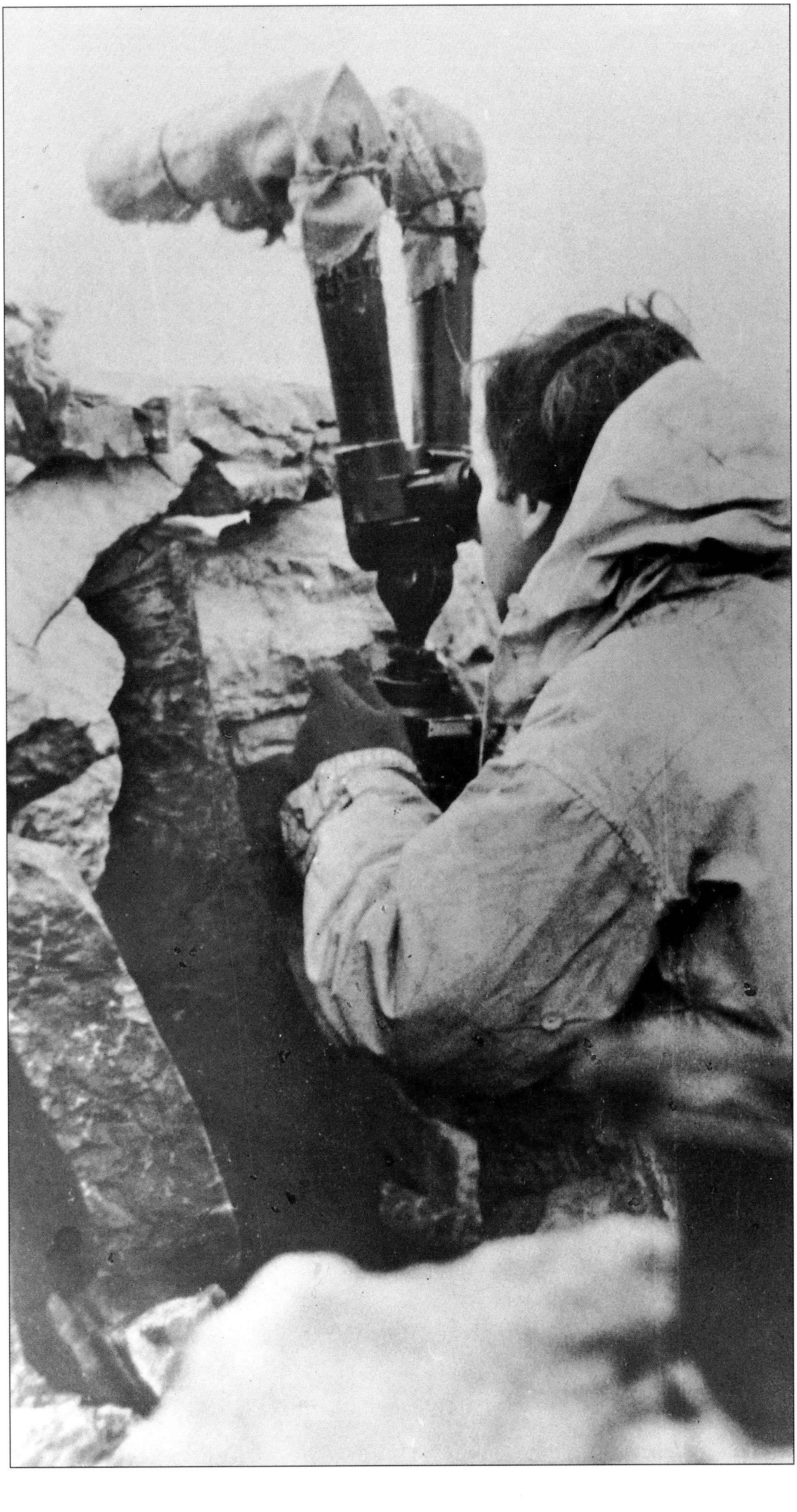

Links: Kradschützen einer Gebirgsjägereinheit kämpfen sich durch das schneebedeckte Gelände der Ardennen (Ende Dezember 1944). Solche Truppen wurden von den Panzer-Angriffsspitzen eingesetzt, um das schwierige Terrain zu erkunden.

K A P I T E L 11

DAS ENDE DES DEUTSCHEN HEERES

Nach der Niederlage bei Kursk im Juli 1943 wurde die deutsche Armee an der Ostfront zunehmend in die Defensive gedrängt, sodass ihre Truppen durch eine mächtige sowjetische Gegenoffensive nach und nach bis vor die Tore Berlins zurückgetrieben wurden.

Links: Ein einfaches Holzkreuz mit einem zerbeulten Helm obenauf erinnert an einen gefallenen deutschen Soldaten.

Oben: Deutsche Soldaten mit ihrem Offizier (rechts) suchen Unterschlupf in einem Bunker in der Nähe des Rheins (Ende 1944).

Anfang 1944 befanden sich die sowjetischen Truppen bereits auf einem unaufhaltsamen Vormarsch, in deren Verlauf sie den Feind mit einer Reihe von entschlossen geführten Angriffen vor sich hertrieben. Im Januar gelang es ihnen, den Belagerungsring der Deutschen um Leningrad zu sprengen, den diese fast 900 Tage aufrecht gehalten hatten, wobei rund eine Million Sowjetbürger den Tod gefunden hatten. Durch diese Niederlage der Deutschen wurden große Teile der Heeresgruppe Nord nach Westen zurückgedrängt. Weiter südlich in der Ukraine sahen sich Heeresgruppe Süd und Heeresgruppe A sowjetischen Zangenangriffen gegenüber, wodurch rund 60.000 deutsche Soldaten im Frontbogen von Tscherkassy eingekesselt wurden. Mitte Februar gelang zwar ein Ausbruch, wobei jedoch die Hälfte der Eingeschlossenen auf der Strecke blieben.

Oben: Deutsche Fallschirmjäger marschieren an einem hängengebliebenen Panzerjäger VI (»Elefant«) vorüber, der auf besonders wirkungsvolle Weise eine 8,8-cm-Pak 43 mit einem Porsche-Tiger-Fahrgestell verbindet. Das Bild wurde im März 1944 bei Nettuno aufgenommen.

Rechts: In einem verzweifelten Versuch, den Ansturm der Sowjets im Osten zu bremsen, bereiten deutsche Pioniere die Sprengung einer Eisenbahnbrücke über den Neman bei Grodno in Polen vor (1944). Sie bereiten die Zündschnüre zur Zündung des an den Brückenpfeilern angebrachten Sprengstoffs vor, den sie zuvor von den Sowjets erbeutet hatten.

Doch auch den Überlebenden war keine Rast vergönnt; schon Anfang März setzten die Sowjets trotz des Schlamms, den das Frühlingstauwetter mit sich brachte, zu einer erneuten Offensive an, in deren Verlauf die Deutschen über den Fluss Bug zurückgedrängt wurden. Im April bzw. Mai wurde die 17. Armee, die isoliert auf der Halbinsel Krim postiert gewesen war, völlig aufgerieben. Zur selben Zeit wurden auch die deutschen Verteidigungsstellungen am Bug durchbrochen, und auch die Stadt Odessa fiel in sowjetische Hände. Die sowjetischen Truppen stießen rasch bis nach Rumänien vor und standen somit vor der Eroberung des gesamten Balkanraumes.

Oben: Diese deutschen Soldaten sind froh, der sowjetischen Übermacht entronnen zu sein. Sie scheinen den Großteil ihrer Ausrüstung eingebüßt zu haben und behelfen sich mit Blechbüchsen, die als Essgeschirr verwendet werden, um eine Mahlzeit zu sich zu nehmen. Die Pause dürfte aber nur von kurzer Dauer sein; Anfang 1945 ging der Vormarsch der Sowjets mit Riesenschritten vor sich.

Rechts: Pioniere bereiten die Sprengung einer Brücke an der Ostfront vor (Anfang 1945). Mehrere Tellerminen werden miteinander verbunden, um die Fundamente zu zerstören. Die Sprengung dürfte wohl gelingen - der Vormarsch der Sowjets konnte aber dennoch nicht aufgehalten werden.

Diese sowjetischen Vorstöße machten den riesigen deutschen Frontabschnitt, der durch die Heeresgruppe Mitte gebildet wurde, besonders verwundbar. Dennoch beschloss Hitler, diesen Abschnitt, der sich um Witebsk, Orscha, Mogilew und Bobruisk erstreckte, nicht zu verstärken, da er den Schutz der Ölfelder in Ungarn und Rumänien für wichtiger erachtete. Dadurch sahen sich die weniger als 500.000 Mann der Heeresgruppe Mitte vor der Aufgabe, eine Front von über 1000 km Länge zu sichern. Die Sowjets stellten dem nicht weniger als vier Fronten mit insgesamt 1,2 Millionen Soldaten, 4000 Panzern und 6000 Flugzeugen entgegen. Ihr Plan war es, die Deutschen mit einem massiven Schlag von sowjetischem Territorium zu vertreiben und nach Ostpolen zurückzudrängen. Diese Sommeroffensive begann am 22. Juni 1944.

Die Wehrmacht vermochte diesen Vorstoß nicht zu stoppen. Die relativ weit verstreuten deutschen Einheiten, die weder über

Rechts: Im Jahr 1945 herrschte in der deutschen Armee bereits ein empfindlicher Mangel an Transportfahrzeugen; noch schlimmer allerdings war die Treibstoffknappheit. In dieser Situtation griff man auf jedes nur erdenkliche Transportmittel zurück, wie diese Aufnahme zeigt. Die Ochsen wurden vor eine 3,7-cm-Panzerabwehrkanone 35/36 (bzw. 4,5-cm-Pak M 1942) gespannt, die ihrerseits längst eine zweitklassige Waffe darstellte. Die Bedienung der Pak scheinen Ostfreiwillige zu sein, betrachtet man die Kragenspiegel der Soldaten.

Links: Deutschland muss nun für den von Hitler entfachten Krieg büßen: dieser Trupp von Infanteristen trottet an den Ruinen einer sächsischen Stadt vorüber, die von sowjetischem Artilleriefeuer zerstört worden ist (1945). Nach einem fast vier Jahre andauernden Krieg an der Ostfront stehen die Deutschen nun vor der endgültigen Niederlage; machtlos müssen sie zusehen, wie ihr eigenes Land verwüstet wird.

den genauen Zeitpunkt, noch über die Orte der sowjetischen Offensive Bescheid wussten, waren rasch überwältigt, insbesondere an jenen Punkten, die von den Sowjets als Durchbruchsstellen vorgesehen waren. Witebsk fiel am 27. Juni, wobei die Deutschen über 30.000 Soldaten verloren; Mogilew und Bobruisk folgten innerhalb der nächsten beiden Tage, wodurch die Heeresgruppe Mitte weitere 50.000 Mann einbüßte. Das nächste Ziel der Sowjets hieß Minsk, das schließlich am 3. Juli befreit werden konnte, wonach Teile der 3. Weißrussischen Front in nordwestlicher Richtung bis Wilna und Riga vorstießen, sodass die Versorgungs- und Kommunikationslinien zu Heeresgruppe Nord abgeschnitten wurden.

Die Rote Armee an der Weichsel

Am 27. Juli fiel den Sowjets Lemberg in die Hände, sodass die 1. Weißrussische Front bis an die Weichsel vordringen konnte, nur noch rund 12 km von Warschau entfernt. Da ergriffen die Widerstandskämpfer der polnischen Heimatarmee die Gelegenheit und wagten einen Aufstand gegen die deutschen Besatzer, doch die Sowjets hielten plötzlich inne - zum Teil wohl, weil sie ihren Versorgungslinien zu weit vorausgeeilt waren, zum anderen aber - so wird vermutet -, weil Stalin es möglicherweise gar nicht so ungern sah, dass die Polen restlos besiegt waren, bevor er ihr Land in

Rechts: Diese Soldaten werden an der Ostfront ein Stück des Weges von einem Sturmgeschütz (StuG) III, Ausführung G, mitgenommen. Die Antenne sowie der Ladebehälter am Heck, der ein Funkgerät enthält, lassen vermuten, dass es sich um einen mobilen Kommandoposten handelt. Auffallend sind auch die extra breiten »Winterketten« sowie die zusätzliche seitliche Panzerung.

Links: Infanteristen betrachten die Verwüstungen, welche sowjetische Artillerie in dieser deutschen Stadt angerichtet hat (Anfang 1945). Die Artillerie war bei den Sowjets von besonderer Bedeutung, weil damit der massive Beschuss bzw. die völlige Zerstörung der jeweiligen Ziele erreicht werden konnte. Die Zerstörungskraft dieser Waffen hatte letztlich auch auf die Moral der deutschen Soldaten eine verheerende Wirkung.

Besitz nahm. Die Deutschen schlugen die aufopfernd kämpfenden polnischen Widerstandskämpfer im August bzw. September 1944, wobei sie Warschau praktisch dem Erdboden gleichmachten. Die sowjetischen Truppen drangen jedoch im mittleren Frontbereich erst im Januar 1945 weiter vor, während man mit dem Vormarsch im Baltikum die deutsche Heeresgruppe Nord weiter isolierte.

Währenddessen ließen die Sowjets mit Angriffen an anderen Frontabschnitten den Deutschen keine Verschnaufpause. Am 20. August stießen die 2. und 3. Ukrainische Front tief ins Innere von Rumänien vor und zerstörten die deutsche 6. Armee, die nach der Niederlage von Stalingrad neu aufgebaut worden war. Für die weitere Entwicklung auf dem Balkan sollte dies von maßgeblicher Bedeutung sein, da noch im selben Monat König Michael von Rumänien sich von Deutschland lossagte und dem ehemaligen Verbündeten den Krieg erklärte, um mit Stalin zu einer Übereinkunft zu gelangen. Anfang September musste Bulgarien, das der Sowjetunion nie den Krieg erklärt hatte, die Besetzung durch die Sowjets hinnehmen.

Nur in Ungarn, wo sich Hitler dadurch absicherte, daß er dem Faschisten Ferencz Szálasi zur Macht verhalf, stießen die Sowjets

Links: Leichte Panzer der deutschen Armee - das Fahrzeug im Vordergrund weist bereits eine Beschädigung an der Schutzvorrichtung der rechten Kette auf - treten zum letzten verzweifelten Versuch an, das Eindringen der Sowjets in das eigene Land zu verhindern (1945). Bei den Panzern handelt es sich um ehemals italienische Panzer vom Typ L 6/40, die die Wehrmacht erbeutet und wieder eingesetzt hat.

Oben: Auch 1945 hatten sich einige Einheiten der Wehrmacht noch eine gewisse Durchschlagskraft erhalten, wie diese Panzer des Typs VI (Tiger) vermuten lassen, die hier durch eine deutsche Stadt rollen. Doch solche Waffen standen nur wenige zur Verfügung; auch fehlten Ersatzteile und Treibstoff.

auf starken Widerstand, wenngleich es Anfang November den sowjetischen Truppen gelang, einen Belagerungsring um Budapest zu errichten (die Stadt sollte sich bis Mitte Februar 1945 halten). Andere sowjetische Einheiten marschierten durch Bulgarien, um im Oktober zu Titos kommunistischen Partisanen in Nordjugoslawien zu stoßen, wodurch die Truppen der Achsenmächte in Griechenland und Albanien in Gefahr gerieten, völlig isoliert zu werden. Die logische Folge war, dass sie sich so rasch wie möglich zurückzogen und den Großteil des Balkans den Sowjets überließen.

Nachdem im Januar 1945 feststand, dass die Offensive der Deutschen in den Ardennen nicht von Erfolg gekrönt sein würde (siehe Kapitel 10), drohte die Wehrmacht nun von zwei Seiten erdrückt zu werden. Mit jeder neuen Offensive des Gegners gingen unersetzliche Mengen an Ausrüstung, aber auch an Soldaten verloren. Die verbliebenen Truppen sahen sich einem Feind gegenüber, dem an Menschen und Material keinerlei Grenzen gesetzt zu sein schienen und dessen strategische Fähigkeiten sich ständig verbesserten, was besonders für die Rote Armee galt, die an der Ostfront unerhört effektiv operierte.

Dies bewies sich einmal mehr am 12. Januar, als die deutsche Ostfront durch zwei mächtige Angriffe durchbrochen wurde. Im Norden marschierten sowjetische Truppen auf Danzig zu und trennten dadurch die Verbindungslinien ab, durch welche die Reste der Heeresgruppe Mitte mit der Heimat verbunden waren; rund 500.000 Soldaten waren mit dem Rücken zum Meer abgeschnitten. Ein Teil von ihnen konnte auf dem Seeweg gerettet werden, blieb aber für den Rest des Krieges außer Gefecht.

Gleichzeitig setzten sowjetische Truppen von ihren Brückenköpfen an der Weichsel aus zu einer Offensive an, durch die sie

Oben: Dieser Obergefreite einer Panzertruppe zeigt einem Hitlerjungen, wie man eine Panzerfaust bedient. Der Einsatz von Jugendlichen sowie von derartigen vergleichsweise primitiven Waffen während des Vordringens der Alliierten von Ost und West zeigt deutlich, in welch hoffnungsloser Lage sich das nationalsozialistische Regime bereits befand.

Warschau isolieren konnten, um anschließend mit Riesenschritten zur Oder vorzudringen, rund 80 km von Berlin entfernt. Auf heftigen Widerstand trafen die Sowjets lediglich bei Posen, das Hitler zur »Festungsstadt« erklärt hatte und das von bunt zusammengewürfelten Truppen aus alten Männern und jungen Burschen - dem sogenannten Volkssturm - verteidigt wurde, die sich dem feindlichen Ansturm mit ihren Panzerfäusten entgegenstellten. Ihr Widerstand dauerte nur bis zum 23. Februar - das Ende des Krieges rückte unaufhaltsam näher.

Unterdessen stießen britisch-amerikanische Truppen bereits zum Rhein vor. Der Oberbefehlshaber der alliierten Invasionsstreitkräfte, General Eisenhower, beabsichtigte, sich dem Rheinufer auf breiter Front zu nähern, worauf Montgomerys 21. Armeegruppe im Norden den Fluss überqueren sollte, während weiter südlich die Amerikaner ähnliche Manöver vorantreiben würden. Das Ziel der Alliierten war es zu diesem Zeitpunkt nach wie vor, von Westen nach Berlin vorzudringen, wenngleich die Hauptaufgabe im Februar sowie Anfang März 1945 zunächst einmal der Vorstoß zum Rhein war, was schließlich durch eine Reihe von Angriffen erreicht werden sollte. Im Norden griffen am 8. Februar kanadische Verbände an, die rasch vorwärtsdrangen, ehe sie im Reichswald auf heftigen Widerstand stießen, wo General Alfred Schlemms 1. Fallschirmheer eine Verteidigungsstellung aufgebaut hatte. Die Deutschen nutzten das bewaldete Gelände, um das Vordringen der alliierten Truppen zu bremsen, wobei auch der tiefe, schlammige Boden seinen Teil dazu beitrug. Allmählich wurde Schlemms Armee durch die überlegenen Truppen des Gegners zurückgedrängt und zog sich Ende Februar zwischen Emmerich und Xanten über den Rhein zurück, um anschließend die Brücken hinter sich zu sprengen.

Der weiter südlich geplante Vorstoß durch die 9. US-Armee konnte wegen Überflutungen erst am 23. Februar beginnen. Die deutschen Reserven waren zu diesem Zeitpunkt bereits großteils durch den kanadischen Angriff gebunden, sodass die Amerikaner schon am 1. März bei Düsseldorf den Rhein erreichten.

Südlich davon stieß Bradleys 12. Armeegruppe zwischen Köln und Koblenz vor, wobei am 7. März die deutschen Verteidiger der Ludendorff-Brücke, die bei Remagen über den Rhein führte, von Teilen der 9. US-Panzerdivision überrumpelt wurden. Amerika-

Unten: Angehörige des Volkssturms in einer deutschen Stadt lassen sich in der Bedienung einer Panzerfaust unterweisen. Die Lage dieser Männer ist hoffnungslos - selbst wenn sie es schaffen sollten, mit dem einen Geschoß ihrer Waffe einen Panzer zu zerstören, werden sie doch gegen die Übermacht nichts ausrichten können.

Oben: Deutsche Bevollmächtigte unterzeichnen am 7. Mai 1945 im Hauptquartier von General Eisenhower in Reims die bedingungslose Kapitulation. In der Mitte des Bildes ist Generaloberst Alfred Jodl (1890 bis 1946) zu sehen. An seiner Seite sitzen sein Adjutant sowie Admiral Hans Georg von Friedeburg (1895 bis 1945).

nische Infanteristen stürmten über die Brücke und konnten sie intakt in Besitz nehmen, was der Kampfmoral der deutschen Truppen einen schweren Schlag versetzte - der Rhein, diese natürliche Barriere, welche die Nazipropaganda als unüberwindlich bezeichnet hatte, war offenbar ohne große Schwierigkeit durchbrochen worden. Es war dies ein weiterer Hinweis darauf, dass die Wehrmacht dem Ansturm an so vielen Fronten nicht mehr gewachsen war; nur knapp 400 Mann waren zur Verteidigung der Brücke zur Verfügung gestanden, von denen noch dazu viele dem örtlichen Volkssturm angehörten. Hitlers Reaktion auf diesen weiteren schweren Schlag bestand darin, jene Offiziere, die er für den Verlust der Brücke verantwortlich machte, vor das Kriegsgericht zu stellen und exekutieren zu lassen - ein Vorgehen, das mittlerweile gang und gäbe war, an dem sich aber bereits ablesen ließ, dass das Ende des Deutschen Reiches nicht mehr fern sein konnte.

Zielpunkt Berlin

Ende März standen die Alliierten bereits an der ganzen Länge des Rheins, wobei der südliche Teil von Lieutenant General Jacob Devers' 6. US-Armeegruppe eingenommen wurde. Eisenhower verstärkte Bradleys Truppen bei Remagen, während es General Patton mit seiner 3. US-Armee gelang, den Rhein bei Oppenheim zu überqueren. Der Schwerpunkt der alliierten Offensive lag jedoch nach wie vor im Norden, wo am 23. März britische, amerikanische und kanadische Infanterie unter Montgomerys Oberbefehl im Raum Wesel gemeinsam den Rhein überquerte, um am Ostufer Brückenköpfe zu errichten. Diese Operation wurde von Luftlandetruppen unterstützt, mit deren Hilfe der deutsche Widerstand schließlich gebrochen werden konnte. Ende März hatte Montgomery nicht weniger als 20 Divisionen und mehr als 1000 Panzer über den Rhein gebracht, sodass einem Marsch auf Berlin nichts mehr im Wege stand.

Da ließ jedoch Eisenhower Montgomerys Truppen innehalten, da er an die Beschlüsse der Konferenz von Jalta gebunden war, wo die »Großen Drei« (Churchill, Roosevelt und Stalin) übereingekommen waren, den Sowjets die Eroberung Berlins zu überlassen. An der Elbe, also westlich von Berlin, sollten dann die Westalliierten mit den Sowjets zusammentreffen. Aufgabe der Westmächte, d. h. Montgomerys, war es, den Norden Hollands zu befreien und das Ruhrgebiet einzunehmen, das durch die erfolgreichen Rhein-Überquerungen von Wesel und Remagen bereits isoliert werden

Oben: Angehörige der Wehrmacht marschieren in die amerikanische Gefangenschaft. Sie können noch von Glück sagen; die meisten von denen, die in russische Gefangenschaft gerieten, sahen nämlich die Heimat nie wieder. Die deutsche Armee muss nun dafür bezahlen, dass sie sich so bedingungslos für die Ziele des Nationalsozialismus eingesetzt hat.

konnte. Die Hauptlast des westlichen Vorstoßes ging nun auf Bradley und Devers über, deren Aufgabe es war, weiter südlich tief ins Innere Deutschlands vorzustoßen, bis hin zu den deutschen Festungen, welche Gerüchten zufolge in den Alpen existierten. So erreichte Patton unter Bradleys Oberbefehl Ende April mit seinen Panzern die Grenze Österreichs bzw. der Tschechoslowakei.

Der Zerfall der Wehrmacht war nun unaufhaltsam. An der Ostfront nahmen sowjetische Truppen Mitte Februar Budapest ein und zerstörten Anfang März am Plattensee die Elite-Panzerdivisionen der Waffen-SS, sodass der Weg zu den ungarischen Ölfeldern frei war. Hitler ließ seinen Zorn an den beteiligten Waffen-SS-Verbänden aus: Alle Soldaten mussten ihre Ärmelstreifen mit den Divisionsnamen abtrennen, was die Kampfmoral weiter sinken ließ. Als die letzten deutschen Verteidigungsstellungen auf dem Balkan zusammenbrachen, marschierten sowjetische Truppen in Österreich ein, wo sie am 6. April 1945 Wien eroberten, um anschließend nordwärts nach Prag vorzudringen. Jeder einzelne dieser Vorstöße machte eine weitere Wehrmachtseinheit kampfunfähig, die somit für die Verteidigung Berlins verloren war.

Doch die Serie der Niederlagen beschränkte sich für die Wehrmacht nicht allein auf die West- und Ostfront. Am 1. April 1945 erneuerten die alliierten Truppen in Norditalien ihren Vormarsch, der vom Wintereinbruch gestoppt worden war (siehe Kapitel 9). Der erste Angriff erfolgte an der Ostküste Italiens, wo die britische 8. Armee in harten Gefechten die überfluteten Ufer des Lago Comacchio erreichte, ehe sie in nordwestlicher Richtung die Flüsse Senio und Santerno überquerte. Als die Deutschen in diesem Bereich gebunden waren, drang nun die amerikanische 5. Armee nordwärts bis Bologna vor, wo sie am 20. April mit den Briten zusammentraf, um anschließend Vietinghoffs zerschlagene Armee über den Po zu verfolgen. Am 29. April unterzeichneten schließlich Vertreter der deutschen Streitkräfte die bedingungslose Kapitulation, die am 2. Mai in Kraft trat. Es war dies die erste Front, die vollkommen zusammenbrach, wodurch die alliierten Truppen zu den Alpen vordringen konnten, um schließlich mit den vom Rhein kommenden amerikanischen Einheiten zusammenzutreffen.

Zu diesem Zeitpunkt war der letzte Kampf - die Schlacht um Berlin - bereits entschieden. Marschall Schukow, Oberbefehlshaber der 1. Weißrussischen Front, begann seinen Angriff auf die Stadt am 16. April von der Oder aus, während andere sowjetische Verbände im Norden und Süden tief nach Deutschland vordrangen, wo sie mit englischen und amerikanischen Truppen an der Elbe sowie in der Tschechoslowakei zusammentrafen. Berlin wurde durch eine Reihe von Befestigungslinien verteidigt, deren erste - auf den Seelower Höhen - nach heftigen Kämpfen am 17. April durchbrochen wurde. Was von der Wehrmacht noch übrig war, kämpfte nun nicht mehr für Hitler oder den Nationalsozialismus, sondern nur noch für das eigene Überleben.

Aus jenen Gebieten, die unter sowjetischer Besatzung standen, hörte man mitunter Berichte über Plünderungen, Mord und Vergewaltigung, während jene Wehrmachtssoldaten, die den Sowjets in die Hände fielen, das bittere Los der russischen Kriegsgefangenschaft zu tragen hatten. Obwohl die Verteidiger Berlins kaum noch Benzin, Munition und Waffen hatten, fügten sie den Angreifern hohe Verluste zu, indem sie um jede einzelne ihrer Stellungen und schließlich sogar um jede Straße und jedes Gebäude kämpften.

Das Ende des Dritten Reiches

Die entscheidende sowjetische Offensive begann am 26. April, wodurch die Berliner Garnison in einen Korridor von 5 mal 15 km gedrängt und aufgerieben wurde. Der Reichstag wurde am 30. April genommen, womit der nationalsozialistische deutsche Staat endgültig der Vergangenheit angehörte. Hitler war zu diesem Zeitpunkt bereits tot - er hatte sich im Führerbunker unter der Reichskanzlei am 30. April um 15.30 Uhr das Leben genommen -, und seine wenigen noch verbliebenen Soldaten waren mit ihrer Kampfmoral am Ende. Am 2. Mai gab die Berliner Garnison schließlich ihren Widerstand auf, nachdem sie den Sowjets seit dem 16. April Verluste in der Höhe von rund 100.000 Mann zugefügt hatte.

Immer noch waren hier und dort isolierte deutsche Widerstandsnester übrig, die nun verzweifelt versuchten, nach Westen zu den Linien der Westalliierten zu gelangen, um sich diesen zu ergeben. So nahmen die westlichen Alliierten allein im April 1945 mehr als 1,6 Millionen Gefangene, sodass sich die Gesamtzahl seit dem Beginn des Feldzuges im Juni 1944 auf knapp drei Millionen Gefangene belief.

Am 8. Mai war das offizielle Ende des Krieges erreicht. Die deutsche Wehrmacht, die seit Beginn des Krieges im Jahr 1939 rund 3,5 Millionen Soldaten verloren hatte, existierte nicht mehr. Trotz ihrer überwältigenden Triumphe in den ersten Kriegsjahren und ihres hartnäckigen Widerstandes bis zum Ende war diese Armee letztlich ebenso zum Scheitern verurteilt wie die verwerflichen politischen Ziele, für die sie benutzt wurde und denen sie mit soviel Tapferkeit und Einsatz gedient hatte.

Namen- und Sachregister